JN111099

# 器 械 運 動 II

文化書房博文社

# 発刊にあたって

　今日、こども達の日常生活の現状を考えたとき、受験戦争の過熱化、いじめや不登校、社会体験の不足、その他、様々な問題をかかえている。

　この時期において、最も重要な人間性の確立や、生きるためのたくましい心と体をいかにして育成するかを教育の場に求められている。

　体育の分野の目標では、その大半は「体力の向上」にあることは言うまでもなく、実践を通して課題を解決することにより、運動の楽しさや喜びを味わうと同時に、運動技能を高めことが重要なポイントである。それは「運動が好きになるように」「運動が上手になるように」創意工夫を生かした指導に当たらなければならない。そして「楽しく」如何に「魅力」ある授業を展開するかが問われることになり、指導内容の充実と、それに対する研究と指導法の確立が急務である。

　器械運動は、発育発達の盛んな低年齢層から、神経トレーニングとして欠くべからざる基本的な体力要素の育成に適し、特に調整力（巧緻性・敏捷性・平衡性・柔軟性）を高めることができる。また、動機づけを図った導入による展開の場面では、こども達が補助しあったり、教えあったりしながら、短時間でみるみる上達し、できた時の達成感を味わわせると共に、協調性を育てることができる。

　まっすぐに走ることができず、転んでも頭から落ちてしまう等、今の子供は体格がいい反面、体力や運動能力が著しく低下している深刻な報告がある。

　10才頃の運動経験が大きく影響しているが、練習やトレーニングをする中で自然に向上して行くものである。状況の変化に対応して、いつでも安定した動きをするためには調整力が優れていなければならない。

　本書は、「技」がどのような構造から成り立ち、どのような手順で指導すればよいかの解説と、器械運動の展開の仕方を中心に編集したものである。本書が学校教育また社会体育の指導書として少しでも実践に役立つことを願うものである。

# 目　次

# １．器械運動の変遷

　わが国において、現在教科名として使われている「体操」は、紀元前５世紀の古代ギリシャ時代の「Gymnastike」という言葉にさかのぼるが、走、跳、投に加え、格闘技のレスリングやダンス、乗馬をも含む広範囲な運動領域を持ち、このGymnastikeが体術、体操と呼ばれ、時代の変遷と共に体練、体育、保健体育と受けつがれ現在に至っている。

　わが国においても、明治から大正時代にかけ「体操」が移入された頃の内容は、体操も器械運動も包含した体育運動全般をさし「体操」と名称を用いて表現されていた。

　現在スポーツとして行われている体操競技（器械運動）のルーツをたどってみると、その原形となるものは、ドイツ体操の父と言われた、ヤーン（F. L. Jahn 1778〜1852）の考案した運動ということができよう。

　ヤーンは、グーツムーツの「Gymnastik」という言葉を使わずに、「Turnen」という言葉を使ったが、その内容には独特の器械をはじめ、格技や幅跳び、競争などもあり、スポーツ的な要素も多かった。

　ヤーンは、ナポレオン戦争（1799〜1815）に破れた祖国の青年の精神と身体を鍛練し、意志や気力を練るとともに、体力を養い、作業能力を増進させるために、平行棒、あん馬、水平棒（後の鉄棒）等の器械を利用した運動をとりあげ、それぞれ種々の運動形態を考えた。彼は若干の危険が予想される運動をあえて行うことで、特に精神教育的価値を見いだしている。

　そして、これらの運動は後に技術が進歩するに従って、「できる」「できない」の興味から技の種類の開発や難しさの追求が行われ、その一部が競技的性格をおびるようになってきて現在の体操競技へと発展した。

　また、スウェーデン体操（リング＝P. H. Ling 1776〜1839の考案）でも器械を使用した体操が行われているが、その使用目的は一種の矯正器具的な性格をもっており、肋木、横木、階梯等を使用した運動であった。

　スウェーデン体操系は健康保持や医療的な性格をもっているのに対し、ドイツ体操系では器械を介して能力の表現をこころみ、技術を追求する競技的性格をもっているといえ

る。

　ヨーロッパで発祥した、ドイツ体操とスウェーデン体操は、その後も世界体操界の二大原流として、各国に大きな影響を与えている。

　日本での器械運動の変遷をみると、ドイツ体操とスウェーデン体操とが、アメリカを経て日本に伝えられたのは19世紀の終りである。日本が世界に目を向け始めたのは明治12年以後であって、ヨーロッパにおくれること一世紀であった。

　現在、技術的面においては彼らを凌いでいるところがあっても、体操の国民的思想については、到底彼らに及ぶべくもない。

　明治以前にも、わが国で体操は行われていたが、国内の教育者や愛国者の間から生れたものではない。1648年の豊臣、徳川の時代に初めて洋式体操が行われたが、これも外国からの移入であった。明治初年の頃は洋式体操が兵士の練成のために重視されていた。

　日本でも古くから行われていた、軽業師の動きや、曲芸の運動は器械運動の要素を多く含んでいる訳であるが、これらを意図的な教育の手段としてとり上げる人がいなかったことは残念である。

　1873年（明治6年）に陸軍の学校（陸軍戸山学校）が創設されると、軍隊体操が研究され、この頃から鉄棒を使う運動が特に盛んに行われはじめ、鉄棒運動が器械運動を代表するようになってきた。

　一方、明治5年に学制が布かれ、小学校教材にも「体術」が課せられると、体操を系統立てる必要に迫られ、明治11年の「体操伝習所」の開設で、日本の学校体操の本流を確立し、今日の発達への基が築かれた。しかしこの頃の学校体操では、保健体操として、徒手・唖鈴・球竿・棍棒等の徒手や手具による体操が中心であったので、器械運動に関しては陸軍の手によって育てられたということができる。

　このようにして20年を経過、明治24年に日本体育会が国民の体育振興を目的として創立されるや、日曜祭日に体操場を開放し、一般民衆に器械運動を指導したり、また明治30年頃には、東京市の5つの公園（上野、芝、浅草、日本橋、深川）に器械を備えつけ、随意市民に使用させ、これを指導するといった、まことに努力的な企てが行われている。

　明治35年頃から大正時代にかけて、器械運動が競技化されるようになってきたが、これら日本体育会の努力の他に、慶応義塾の器械体操部の努力も大きい。明治39年11月に慶応義塾と青山師範学校との第1回の対抗競技会が開催されており、これらの学校及びその卒業生達が、その後の日本の競技を育成してきている。

　昭和4年、日本体育会にかわって全日本体操連盟が創設されると、1932年（昭和7年）の第10回オリンピック、ロスアンゼルス大会という国際試合に初参加をめざして、その体操の内容や練習方法も、実施者の範囲も全く国際的なものとなって日本の体操競技会は一変した。

　戦後現在の日本体操協会が生まれると、希望に燃えて新しい技術と今後の体操競技の進むべき方向を研究し、年ごとに設備も充実されて体操競技を行う組織も多くなり、選手の層も厚くなって急激な進歩をとげた。戦後20年の間に国際的水準に追いつき追越すといった、めざましい発展があり、1960年（昭和35年）、第17回ローマオリンピックにおいて悲願の団体総合優勝を達成した男子体操チームは、21回モントリオール大会までの5連覇（20年間）の偉業を成し遂げている。

　その後、第22回モスクワ大会（ボイコット）を転機に、団体総合優勝から遠ざかり足踏みの現状にあったが、2000年シドニーオリンピックにおいて、メダルに肉薄した戦いが展開され、復活への兆しを見ると、次の第28回アテネオリンピックにおいて28年振りの団体総合優勝を奪還した。

　以後、北京五輪、ロンドン五輪でも団体銀メダルを獲得する等、種目別・個人総合での優勝を含むメダル獲得が続き、2015年（平成27年）、世界選手権大会（グラスゴー）で37年ぶりに世界選手権で男子団体優勝を果たした。更に2016年のリオデジャネイロ五輪では、2004年アテネ五輪以来3大会ぶり7度目の金メダルを獲得している。

　さて、陸軍の手によって育てられた器械運動が、いかにして学校体操の中に取り入れられるようになったかということであるが、明治11年に体操伝習所が開設された頃、学校体操は普通体操と呼ばれ、一般人の健康増進が主目的とされており、陸軍で行われていた鉄棒や平行棒、階梯などの体操は、重体操と呼ばれて別々に考えられていた。

　しかし明治18年頃から文部省が忠君愛国の精神を鼓吹して、兵式訓練が奨励され始め、そして明治36年、器械運動が競技化され始めた頃に、スウェーデン体操が導入されると、この新しい体操の説と陸軍の体操と兵式訓練と学校での従来の普通体操とが入り混り混乱に陥った。すでに少し前から陸軍と文部省との間に、学校体操をめぐる論争が起っていた時だけに、文部省は学校体操のあるべき姿の調査を行い、明治40年に陸軍、文部両省の共同調査会を設け両省の調整を図ることになった。さらに文部省では一層、学校体操の本質を研究調査する必要を認め、永井道明らを欧米に留学させ、帰朝した彼の意見は重くもちいられて陸文共同調査会もスウェーデン体操の適切なことを認め、学校体操はスウェー

デン体操を採用することとなった。

　大正2年、学校体操教授要目の制定と成って「身体各部位の体力養成」を中心に考えられ、意図的教育が本格的なものとなってきた。

　この要目は、当時混乱していた体操界を統一し、「普通体操」「兵式体操」「スウェーデン体操」を勘案して編纂されたものであるが、「徒手体操的な内容」のみならず、「器械運動的内容」や「陸上運動的内容」なども含まれていた。

　大正15年、要目は「ドイツ体操」の流入等で改正され、「陸上競技的内容」のものが独立し、跳躍、懸垂教材の程度が高められ、更に倒立回転運動が加えられ、「器械運動的内容」も「体操」の枠の中で徐々にまとまりができてきた。

　昭和11年、この要目は「デンマーク体操」の導入等で、三たび改正され現行に近い内容になっており、「スウェーデン式体操」とか、「ドイツ式体操」とか、「デンマーク式体操」とかの批判を脱して、初めて「日本の体操」として発足した。

　昭和20年、戦時下体育が一掃され、「学校体操教授要目」は「学校体育指導要綱」と改められ、「体操」の中で「徒手体操」と「器械体操」がはっきりと区別された。

　昭和30年代「器械体操」が「器械運動」に名称が変更され、さらに「器械運動」と「徒手体操」が各々独立し並列して行われる形式になり、徐々に「スポーツ的内容」の色が濃くなってきた。

　昭和40年代「器械運動」が「スポーツの領域」で取り扱われるようになり、「徒手体操」は「体操」と名称が変更され、「徒手体操的な内容」に加え「基本となる動きの内容」が含まれるようになった。

　昭和50年代、小学校1〜2年の低学年では「基本の運動」、3年では「器具を使っての運動」となり体の基本的な動きを身につけるための領域が設けられた。

　平成元年、小学校から高等学校へと一貫したとらえ方が強く打ち出され、さらに「生涯体育・スポーツ」を目指す観点が一層重視され、それに関連して器械運動は「技」に関する「術語」が統一された。

# 2．器械運動の特性

## 1　「技」の完成が明確で練習目標がつかみやすい運動である

　器械運動は、マット・鉄棒・跳び箱・平均台等の器具を使って「技」に挑み、それを達成したときの楽しさや喜びを味わうことのできる個人的な運動である。

　また、「できる」「できない」の"技"の完成が明確であり、練習の目標がつかみやすい。

## 2　年令や発育段階に応じた運動ができる

　器械運動は、他の多くの運動とは異なり、固定された器械に身体をもたせかけて行う運動であり、「年齢」「発育段階」「性差」「技術の進歩度」等の対象に応じて、自分の意志で楽しく運動を行うことができる。

## 3　基礎的な運動能力として最適である

　器械運動は、他のスポーツにはあまり見られない「懸垂」「支持」「跳躍」「振動」「回転」「平均」等の運動を含み、基礎的な動きとしての重要度が高い。

　また、将来専門的な運動技術を身につける場合、そのスポーツ活動をするための神経支配の基礎となる「調整力」（巧緻性、敏捷性、平衡性）は、器械運動をすることによって多く養われる。

## 4　「運動嫌いな人」の"救い"の手助けに最適である

　人間の「器用」「不器用」は、"発育段階"での運動経験が大いに関係し、色々な動きの要素を含んでいる器械運動を経験させることが、"運動嫌い"な人達を無くするための、一つの方法である。

　このような人達の救いの道は、少年時代にどんな運動をしたかで決まり、この器械運動はその重要度が高く最適である。

## 5 「勇敢さ」や「強い意志」が養われる

　器械運動は、頭と足が逆転した状態で行うこともあり、直立運動とは違った未経験な異種の感覚があり、"怖い" とか "危ない" と思う気持ちを、練習によって乗り越えた時、「成功」への喜びと同時に「自信」や「勇気」が沸いてきて、他の運動にはない喜びを味わうことができ、将来に向かい人間として必要な強い「意志」を養うことができる。

## 6 リーダーシップのとれる「心」が育つ

　子供にとっては日常生活の中で、このような運動をすること自体が「知的」な活動である。なかでも、器械運動は繰り返し行われる「反復練習」の中で、"技" の完成があり、それはまさに "努力の結晶" である。さらに "技" ができることは、グループの中では "好奇" と "尊敬" の的である。模範演技や指導的立場を通して、リーダーシップがとれる人間として、意識する第一歩になる。

# 3．各種目の運動特性

## 1　鉄棒運動

　鉄棒を使用し、「懸垂系」や「支持系」の運動体勢で、上がる、下りる、ぶら下がる、振る、回転する運動をいろいろ組み合わせ、連続させて行う運動である。

## 2　跳び箱運動

　助走をしたあと、踏切板を片足または両足で踏み切り、またぎ越しや踏み越し、片手または両手を跳び箱の上に着手して、いろいろな跳び越し方や、高さや向きをかえて「跳び越す運動」である。

## 3　マット運動

　マットを使用し、背中等をつけて前、後、横への「回転運動」（接転技）をしたり、首、頭等の身体の一部分をつけて行う「はねおき運動」、前方、後方、側方への「倒立回転運動」（ほん転技）。両手で支持し、逆さまの状態で静止したり、歩行したりする「倒立運動」、または空間において、前方、後方、側方への「宙返り運動」である。さらに「片足水平立ち」や「片足旋回」がある。

## 4　平均台運動

　平均台を使用し、歩く、走る、跳躍の「移動運動」手、足、腰等身体の一部を支点として、ターンやポーズをとる「バランス運動」や上がり方、下り方をいろいろ組み合わせ、連続させて行う運動である。

# ４．器械運動の基本用語

## １　器械に対する身体の面

（1）正面……器械に対し、身体の前面が向いている状態。

（2）背面……器械に対し、身体の背面が向いている状態。

（3）側面……器械に対し、身体の側面が向いている状態。

## ２　身体に対する器械の向き

（1）縦向き……身体の正面または背面に対し、器械の延長線が直角の関係にあるとき。

（2）横向き……身体の正面または背面に対し、器械の延長線が平行の関係にあるとき。

## ３　回　転

（1）左右軸回転……左腰と右腰とを結んだ軸のまわりを、前方または後方に回転すること。

（2）前後軸回転……背・腹を貫いた軸のまわりを、左方または右方に回転すること。

（3）長体軸回転……頭と足先とを結んだ軸のまわりを、左方または右方にひねること。

## ４　運動の方向

（1）回転をともなわない運動の場合

　①　ま　え……顔の向いている方向に運動が行われる場合。

　②　うしろ……背中の向いている方向に運動が行われる場合。

　③　よ　こ……身体の横の方向に運動が行われる場合。

（2）回転運動の場合

　①　前　方……車が前進するさい、車輪が回転する方向を前方とする。

　②　後　方……車が後退するさい、車輪が回転する方向を後方とする。

　③　側　方……前後軸のまわりを、左方または右方に回転する場合。

## 5　運動の体勢

（1）かかえ込み……膝と腰を曲げて、かかえこんだ体勢。

（2）屈　　身…………膝を伸ばしたままで腰だけ曲げた体勢。

（3）伸　　身…………身体を伸ばした体勢。

（4）開　　脚…………左右または前後に脚を開いた体勢。

（5）閉　　脚…………脚を閉じた体勢。

（6）下　向　き……身体の正面が床面に向いて運動する体勢。

（7）上　向　き……身体の背面が床面に向いて運動する体勢。

（8）懸　　垂…………一般的には、演技者の肩が握りの下にあり、器械からはなれるの
　　　　　　　　　　　を保持し、また器械の方へ引きよせる力が働く場合。

（9）支　　持…………一般的には、演技者の肩が握りの上にあり、器械上で支え、器械
　　　　　　　　　　　から遠ざける力が働く場合。

# 5．各種目の基本用語例

## 1　鉄棒運動の基本用語例

（1）にぎりかた

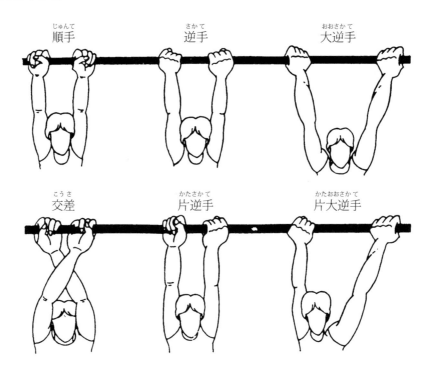

順手（じゅんて）　逆手（さかて）　大逆手（おおさかて）

交差（こうさ）　片逆手（かたさかて）　片大逆手（かたおおさかて）

（2）懸垂と支持

①　懸垂

　演技者の肩が握りの下にあり、器械からはなれるのを保持し、また器械の方へ引き
よせる力が働く場合に懸垂といい、正面懸垂と背面懸垂および逆懸垂に分類する。た
だし一般に懸垂という場合には、正面懸垂をさし、背・逆懸垂の時には、特に「背」・
「逆」を用語の前につける。

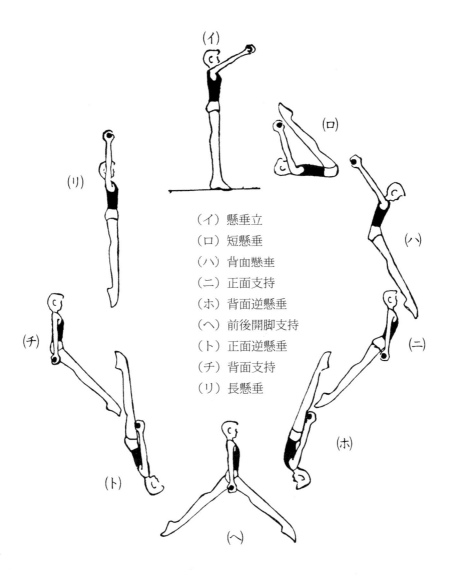

（イ）懸垂立
（ロ）短懸垂
（ハ）背面懸垂
（ニ）正面支持
（ホ）背面逆懸垂
（ヘ）前後開脚支持
（ト）正面逆懸垂
（チ）背面支持
（リ）長懸垂

② 支持

　演技者の肩が握りの上にあり、器械上でささえ、器械から遠ざける力が働く場合に支持という。一般に腕立て支持の「腕立て」は、省略し得るものとし、腕を曲げなければならない支持の時には、「屈腕」の規定詞を用語の前につける。

正面支持　　　背面支持　　　正面浮支持　　　浮腰支持　　開脚浮腰支持　　両脚足裏支持

（3）長振と短振

① 長振

　　長振は高い鉄棒で長懸垂の体勢でまえやうしろにスイング（振り）することを長振という

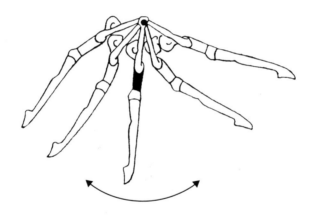

② 短振

　　短振は低い鉄棒で身体が十分に伸ばせないとき等に使ったり、または正面支持の姿勢からスイング（振り）にはいるとき等に使う。すなわち身体と腕との角度が小さいときの短懸垂の体勢でのスイングを短振という。

（4）鉄棒に対する身体の面（正面・側面・背面）

　器械に対して身体の前面が向いている場合には「正面」という規定詞をつける。同様に身体の側面が向いている場合には「側面」背を向けた場合は「背面」の規定詞をつけて、鉄棒に対する身体の面をあらわす。

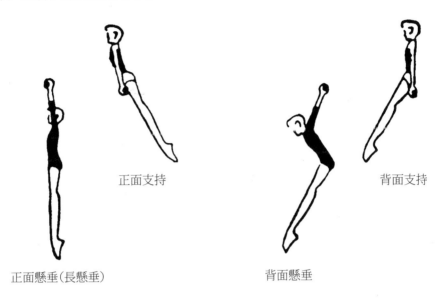

正面支持　　　　　　　　　　　　　　背面支持

正面懸垂（長懸垂）　　　　　　　　　背面懸垂

（5）運動の方向

①　回転運動の場合（前方・後方）

　車が前進する場合の車輪の回転方向を「前方」とし、その反対方向に回転する場合を「後方」とする。

前方浮腰回転

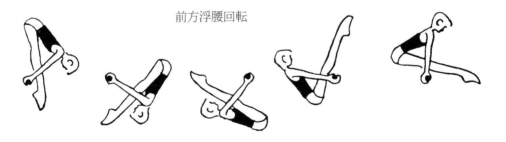

②　回転しない運動の場合（まえ・うしろ）

　回転をともなわない運動の場合は、顔の向いている方向に行われれば「まえ」背中の方へ行われれば「うしろ」とする。

<table>
<tr><td>うしろ</td><td>まえ</td><td>うしろ</td><td>まえ</td></tr>
</table>

（6）下り

器械からとび下りる時に行われる技の総称である。

正面浮支持から棒下前振り出し下り

（7）回転

　身体のいずれかの部位で支えながら、左右軸・前後軸の回りに回転する運動経過に「回転」の基本語をつける。

前方浮腰回転

前方支持回転

（8）ひねり

　長体軸の回りに回転する運動経過に、「ひねり」の基本語をつける。長体軸回転は、左右軸回転・前後軸回転に融合する性格をもっているので、基本語の重複がみられる。ひねりの回数は、明示する必要がある。ただし「半ひねり」の時は、単に「ひねり」と表現し、「半」は基準として省略する。

後振り１回ひねり──正面懸垂

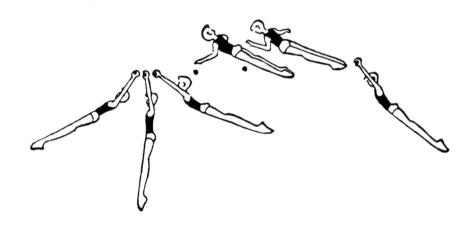

（9）車輪

　懸垂の体勢で握りを中心として１回転する運動経過を「車輪」といい、握り方、あるい
は運動方向によって種々の車輪の技を形成する。

順手（後方）車輪　　　　　　　　　　逆手（前方）車輪

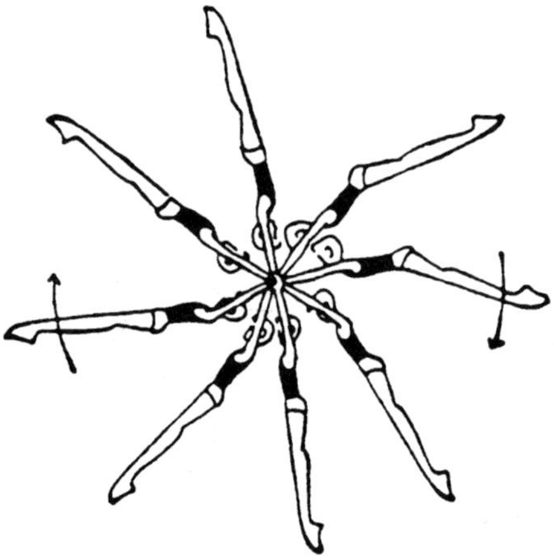

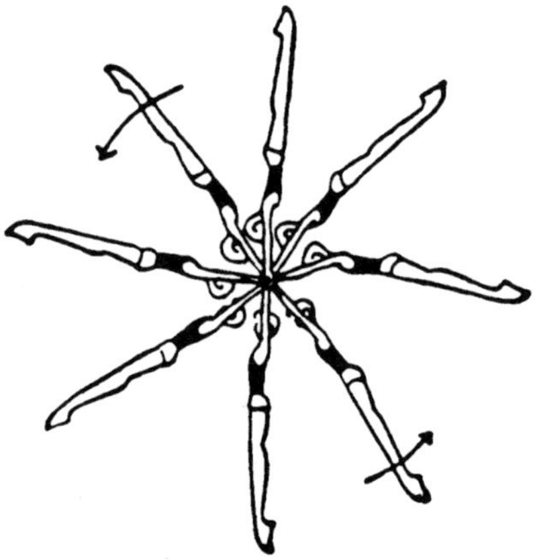

（10）振り出し

大きな振動を作るために、あるいは支持から懸垂に移るために行われる運動経過に「振り出し」の基本語をつける。

正面支持から前振り出し　　　　　　　正面支持から後振り出し

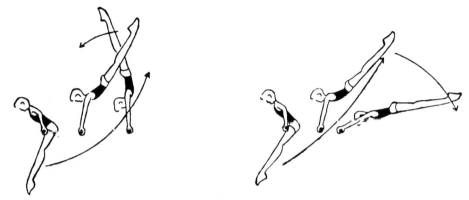

棒下後振り出しひねり──後振り上がり

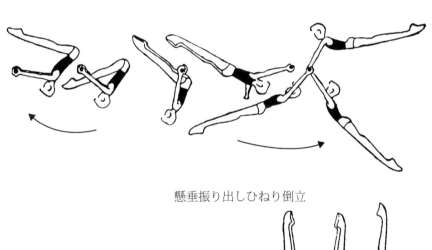

懸垂振り出しひねり倒立

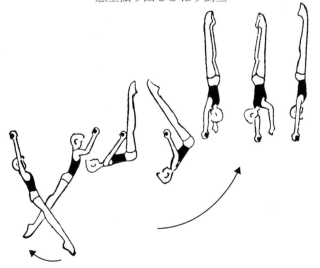

## 2　跳び箱運動の基本用語例

（1）用語

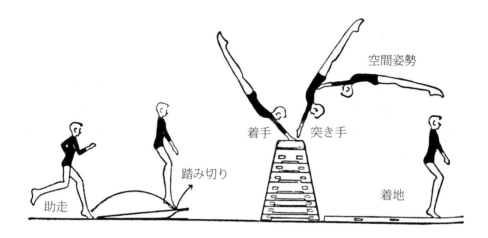

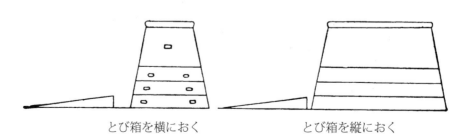

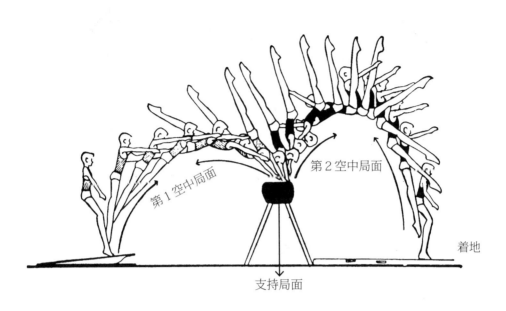

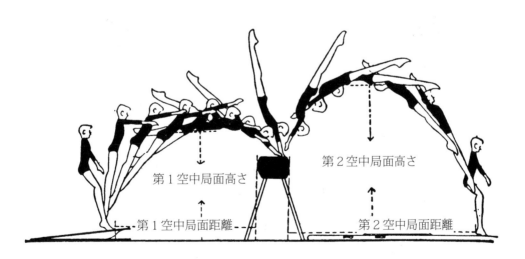

27

（2）跳び箱の運動体勢

屈身　　　　　　伸身　　　　　　かかえ込み

伏臥支持（下向き）　　　前転　　　　仰臥支持（上向き）

側方倒立回転　　　　ひねり　　　　前方倒立回転

閉脚　　　　　　前後開脚　　　　　開脚

跳び箱を背にして　　跳び箱を横にして　　跳び箱を前にして
または背面　　　　　または側面　　　　　または正面

（3）教育用跳び箱及び踏切板の基準

①　跳び箱

　最上段の箱の高さは、35㎝と規定されていたが、この高さは下腿部の長さ、腕の長さから、適切と思われる高さに決められた。跳び箱の下部が10㎝きざみになっているのは、跳び箱を高くしたとき、小きざみに調節できるようになっており、恐怖心を軽減するためでもある。

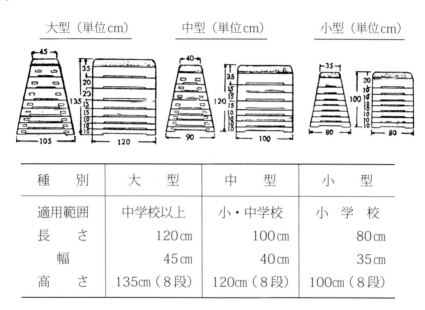

大型（単位cm）　　中型（単位cm）　　小型（単位cm）

| 種　　　別 | 大　　型 | 中　　型 | 小　　型 |
|---|---|---|---|
| 適用範囲 | 中学校以上 | 小・中学校 | 小　学　校 |
| 長　　さ | 120㎝ | 100㎝ | 80㎝ |
| 幅 | 45㎝ | 40㎝ | 35㎝ |
| 高　　さ | 135㎝（8段） | 120㎝（8段） | 100㎝（8段） |

②　踏切板

・板の張りかたは、たて張りとし、4〜6枚とする。

・表面をすべらなくするため、5㎝ごとにV字型のみぞ切りを施す。

・裏面に幅6㎝のさんを使用する

・板の厚みは、20㎜を標準とする。

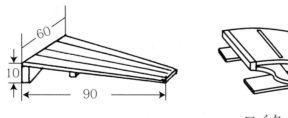

ロイター式踏切板

## 3 マット運動の基本用語例

（1）マットに対する身体の面（正面・側面・背面）

　マットに対して、身体の前面が向いている場合には「正面」という規定詞をつける。同様に身体の側面が向いている場合は「側面」、背を向けている場合は「背面」の規定詞をつけて器械に対する身体の向きをあらわす。

（2）運動方向（回転・転回運動の場合）

　車が前進する場合の車輪の回転方向を「前方」とする。その反対方向に回転する場合を「後方」とする。前後軸のまわりを、左方または右方に回転する場合を「側方」とする。さらに時計に面して針の回転する方向を「右側方」その反対方向を「左側方」とする。

側方倒立回転

（3）運動体勢

　運動経過中の体勢には、つぎの規定詞をつかう。身体を伸ばしている場合を「伸身」、膝を伸ばしたまま身体を前屈させている場合を「屈身」、膝を曲げてかかえこんだ状態のときを「かかえ込み」という。これらの規定詞は、技の名称のまえにつけられ、その技の体勢をあらわすのに使用される。

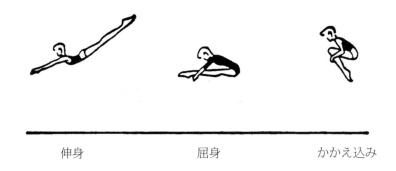

伸身　　　　　　　屈身　　　　　　かかえ込み

屈腕伸身倒立　　　　　　　　　　伸腕屈身倒立

（4）基本姿勢

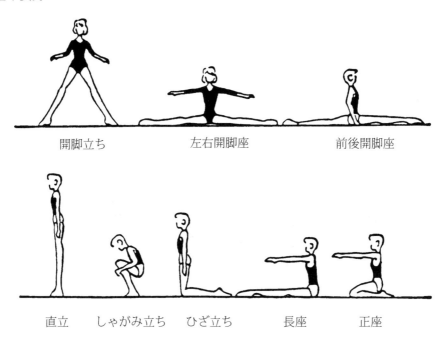

開脚立ち　　　　左右開脚座　　　　前後開脚座

直立　　しゃがみ立ち　　ひざ立ち　　長座　　正座

（5）支持

伏臥支持……床面に身体の正面が向いている体勢

仰臥支持……床面に身体の背面が向いている体勢

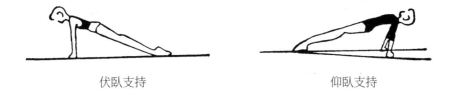

伏臥支持　　　　　　　　　　仰臥支持

（6）片足水平立ち

「水平立ち」は正確には「片足水平立ち」となる。水平の体勢をとらない「片足立ち」については描写法をとることにし、代表的な片足立ちとして「正面片足水平立ち」を設定する。

正面片足水平立ち　　　側面片足水平立ち　　　背面片足水平立ち

（7）倒立

頭倒立　　首倒立　　倒立　　前腕倒立　　片手倒立　　十字倒立

（8）回転（接転技）

身体のいずれかの部位でささえながら、左右軸・前後軸の回りに回転する運動経過に「回転」の基本語をつける。

前転　　　　　　　　　　　　側転

（9）倒立回転跳び（ほん転技）

前方倒立回転跳び　　　　　　　　　後方倒立回転跳び

（10）宙返り

　マット等の上で、ささえることをしないで、左右軸・前後軸の回りに回転する運動経過に「宙返り」の基本語をつける。

前方かかえ込み宙返り　　　後方伸身宙返り　　　側方かかえこみ宙返り

（11）ひねり

　長体軸の回りに回転する運動経過に、ひねりの基本語をあたえる。長体軸回転は、左右軸回転・前後軸回転に融合する性格をもっているので、基本語の重複がみられる。ひねりの回数は、明示する必要がある。ただし「半ひねり」のときは単に「ひねり」と表現し、「半」はつけてもよいが、基準として省略する。

後方伸身ひねり宙返り

（12）旋回

両足または片足を鉛直軸の回りに回転させた時に、「旋回」の基本語をつける。

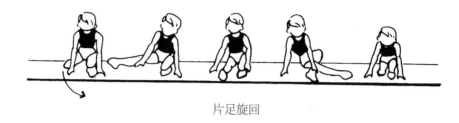

片足旋回

両足旋回

## 4　平均台運動の基本用語例

（1）平均台に対する身体の面（正面・側面・背面）

平均台に対して、身体の前面が向いている場合には「正面」、身体の側面が向いている場合は「側面」、背を向けている場合は「背面」とし、平均台に対する身体の向きをあらわす。

（2）平均台の向き

① 縦向き……平均台に対し、身体が正面または背面向きで、平均台の延長線と直角の関係にあるとき。

② 横向き……平均台に対し、身体が正面または背面向きで、平均台の延長線と平行の関係にあるとき。

（3）運動方向（回転運動の場合）

車が前進する場合の車輪の回転方向を「前方」とする。その反対方向に回転する場合を「後方」とする。前後軸のまわりを、左方または右方に回転する場合を「側方」とする。さらに時計に面して針の回転する方向を「右側方」その反対方向を「左側方」とする。

前　転　　　　　　　　　　　　側方倒立回転

（4）運動の体勢

　運動経過中の体勢には、つぎの規定詞をつかう。身体を伸ばしている場合を「伸身」、膝を伸ばしたまま身体を前屈させている場合を「屈身」、膝を曲げてかかえこんだ状態のときを「かかえ込み」という。これらの規定詞は技の名称のまえにつけられ、その技の体勢をあらわすのに使用される。

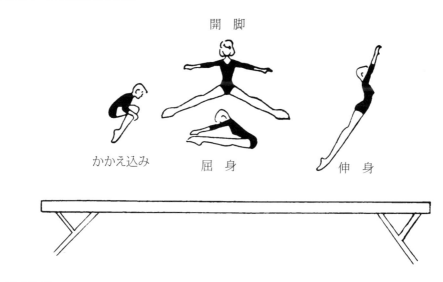

開　脚

かかえ込み　　　　屈　身　　　　　　伸　身

（5）基本姿勢

脚上挙座　　　長　座　　　正　座　　　ひざ立ち　しゃがみ立ち　　直　立
（V字姿勢）

左右開脚座　　　　　前後開脚座　　　　開脚立ち

（6）伏臥支持・仰臥支持

片脚あげ伏臥支持　　　　　片脚あげ仰臥支持

（7）片足水平立ち

　「水平立ち」は正確には「片足水平立ち」となる。水平の体勢をとらない「片足立ち」については描写法をとることにし、代表的な片足立ちとして「水平立ち」を設定する。

正面片足水平立ち　　　側面片足水平立ち　　　背面片足水平立ち

（8）倒立

倒　立　あご倒立　　　前後開脚倒立　　　首倒立　肩倒立
（胸倒立）

（9）宙返り

　平均台等の上で、ささえることをしないで、左右軸・前後軸の回りに回転する運動経過に「宙返り」の基本語をつける。

片足ふみ切り前方伸身宙返り

（10）ひねり

　長体軸の回りに回転する運動経過に「ひねり」の基本語をつける。長体軸回転は、左右軸回転・前後軸回転に融合する性格をもっているので、基本語の重複がみられる。ひねりの回数は、明示する必要がある。

前方倒立回転跳び１／２ひねり下り

# 6．練習上の注意

## 1　練習にはいる前の心がまえ

（1）器具はていねいに取扱い、危険のないようにセットする。

（2）お互いに器具の状態を注意し、危険、怪我を防止する。

（3）お互いに順番を守り、運動している者の邪魔にならないようにする。

（4）他人の練習状態をよく観察して、運動の経過を理解し、良い技術または欠点を見いだせるようにする。

（5）危険なものは、身体からとりはずしておこなう。

## 2　施設・用具の管理

（1）器具が破損していないかどうか確認する。

（2）運動量が十分確保できるように、施設、用具を工夫する。

（3）器具がすべらないように注意する。（炭酸マグネシウム、濡れ雑巾等を使用）

（4）器具の高さや、踏み切り板の距離等は、体力・技術水準・性別等を考慮して決める。

（5）掌の皮の保護を考慮する。（プロテクター等を使用）

## 3　準備運動

　一般に準備運動は、主運動に対する安全、怪我の防止のために行われるが、それは筋肉に刺激をあたえることにより、血液の循環をよくし、全身諸器官の機能を高めると同時に、心身の適応や運動の能率を高め、よりよい心身のコンディションを作るためである。特に器械運動における準備は、次の点に注意して行う。

（1）実施者の体力、筋力、技術水準を考慮にいれて、身体諸器官の機能を高める。

（2）特に使用する身体各部位の筋肉や諸関節（手首・足首・肩・腰・股関節等）の柔軟運動を行う。

（3）主運動で使用する器械や器具を利用し、最も基礎的な運動をしながら、主運動に対してよりよく反応するように身体をならす。

## 4　整理運動

　整理運動は、主運動に使用した身体各部位の緊張をときほぐし、回復を早めるために行うものである。

## 5　補　助

　器械運動における補助は、①危険性や怪我の防止　②恐怖心や不安感の除去　③実施者の欠点を補って目標とする運動に助力を与えて上達を早める等であるが、特に次の点に注意して行う。

（1）実施者の能力や欠点をよく観察し、運動の経過をよく理解したうえで行う。

（2）恐怖心や不安感があると必要以上に緊張して、思わぬ怪我や危険な状態に陥るので、実施者に安心感を与え、心理的に余裕をもたせる。

# 7 学習指導要領の要点

## 1 小学校における運動内容と指導の要点

第1・2学年

　固定施設やマット、鉄棒、跳び箱などの器械・器具を使って，自己の体をいろいろに動かし、楽しく遊ぶことができるようにする。

第3学年

　マット、鉄棒、跳び箱などの器械・器具を使って回転、懸垂、バランス、跳び越しなど自己の体をいろいろに動かして、各種の動きに取り組む楽しさを味わうことができるようにする

第4年生

　自己の能力に適した課題を持って次の運動を行い、技に取り組んだり、その技ができるようにしたりする

第5・6学年

　自己の能力に適した課題をもって次の運動を行い、技に取り組んだり、その技ができるようにしたりする

　器械運動は、マット・鉄棒・跳び箱等の器械、器具を使った「技」に取り組んだり、それを達成した時の楽しさや喜びを味わうことのできる運動である。

　また、より困難な条件の下でできるようになったり、より雄大で美しい動きができるようになったりする楽しさや喜びがある。しかし、「技」の達成を目指すことが困難な初歩的な段階の児童にとっては、器械という対象に意欲をもって取り組んだり、「技」に関連した易しい運動遊びを経験したりすることが大切である。

## 2　中学校における運動内容と指導の要点

自己の能力に適した課題をもって技能を高め、技がよりよくできるようにする

　器械運動は、マット・鉄棒・平均台・跳び箱使った「技」によって構成されている運動で、各運動種目の「技がよりよくできる」ことをねらいとし、自己の体の動かし方や練習の仕方を工夫することによって、ねらいの達成に取り組む運動である。従って、自己の能力に適した技に挑み、練習の仕方を工夫し、その課題を解決していくことで喜びを味わうことができるようにすることが大切である。

## 3　高等学校における運動内容と指導の要点

自己の能力に応じて運動の技能を高め、技が円滑にできるようにする

　器械運動は、マット・鉄棒・平均台・跳び箱などの器械・器具を使った運動種目があり、それぞれの運動種目は器械・器具を生かした「技」で構成されている。この運動領域では、自己の能力に応じて「技を習得する」ことと、「技が円滑にできる」ことを主なねらいとして様々な運動課題の解決に取り組む学習指導が展開される。従って器械運動の学習指導では、自己に合った運動種目や技の選択をしたり、技の習得や向上を図ったり、演技の構成や発表をしたりするための課題を見つけ、その解決にあたっては、自ら考え、工夫できるようにするとともに、技の達成や演技のできばえに楽しさや喜びを味わうことができるようにすることが大切である。

# 8　器械運動例示技一覧表

小学校例示技一覧表

|  | マット運動 | 鉄棒運動 |
|---|---|---|
| 1・2年 | 〈器械器具を使っての運動〉<br>いろいろな方向へころがる<br>　　　　　（ゆりかごや前・後ろ）<br>手で支える<br>　　　（かえる足うち、壁登り逆立ち） | 〈器械器具を使っての運動〉<br>ぶら下がり振り<br>足抜き回り<br>支持して跳び上がり・跳び下り |
| 3年 | 〈器械器具を使っての運動〉<br>いろいろなころがり（横・前・後ろ<br>　　　　　　　　　　　　　ころがり）<br>かえる足打ち<br>壁逆立ち | 〈器械器具を使っての運動〉<br>膝かけ振り上がり<br>補助逆上がり<br>片膝かけ回り<br>前回り下り |
| 4年 | 回転する技<br>　前転、後転とその発展技<br>　開脚前転、開脚後転<br>倒立する技<br>　首倒立、頭倒立、壁倒立<br>技の組み合わせ<br>　できる技を選び、バランスやジャンプを加えて組み合わせる | 上がり技<br>　膝かけ振り上がり、逆上がり<br>支持回転技<br>　かかえこみ回り（前方、後方）<br>　後方支持回転、片膝かけ回転<br>下り技<br>　支持から後ろ振り跳び下り<br>　転向前下り、踏み越し下り<br>懸垂振動<br>　雲梯などで懸垂振動、低鉄棒での<br>　振動<br>技の組み合わせ<br>　上がり技、支持回転技、下り技の中からできる技を選んで組み合わせる |
| 5・6年 | 回転する技<br>　前転とその発展技<br>　　開脚前転、跳び前転、倒立前転<br>　後転とその発展技<br>　　開脚後転、伸膝後転<br>　側方倒立回転とその発展技<br>　　ロンダード<br>倒立する技<br>　頭倒立、倒立（補助）<br>技の組み合わせ<br>　できる技を選び、バランスやジャンプを加えて組み合わせる | 上がり技<br>　膝かけ上がり、ももかけ上がり、<br>　逆上がり、<br>支持回転技<br>　前方支持回転、後方支持回転、<br>　膝かけ回転（前・後）<br>下り技<br>　転向下り、踏み越し下り、<br>　両膝かけ振動下り（こうもり振り）<br>技の組み合わせ<br>　上がり技、支持回転技、下り技の中からできる技を選んで組み合わせる |

| | 跳び箱運動 | 平均台運動 |
|---|---|---|
| 1・2年 | 〈器械器具を使っての運動〉<br>支持でまたぎ乗り・またぎ下り<br>支持で跳び上がり・跳び下り<br>低い跳び箱での横跳び越し | 〈器械器具を使っての運動〉<br>いろいろな歩行<br>いろいろなポーズ |
| 3年 | 〈器械器具を使っての運動〉<br>支持でまたぎ越し<br>支持でのかかえこみ跳び越し<br>跳び箱の上での前ころがり | |
| 4年 | 支持跳び越しの技<br>　開脚跳び、かかえ込み跳び<br>　台上前転 | |
| 5・6年 | 支持跳び越しの技<br>　開脚跳び、かかえ込み跳び<br>　台上前転とその発展技<br>　　　（首はね跳び、頭はね跳び） | |

中学校例示技一覧表

| マット運動 | 鉄棒運動 |
|---|---|
| ・回転系<br>　接転技群<br>　　前転グループ：前転、開脚前転<br>　　　　　　　　　　伸膝前転、跳び前転<br>　　後転グループ：後転、開脚後転<br>　　　　　　　　　　伸膝後転、後転倒立<br>　　側転グループ：側転<br>　ほん転技群<br>　　倒立回転グループ：前方倒立回転、<br>　　　　　　　　　　　側方倒立回転<br>　　はねおきグループ：首はねおき、<br>　　　　　　　　　　　頭はねおき<br>　　前転跳びグループ：<br>　　　　　　　　　　前方倒立回転跳び<br>・巧技系<br>　平均立ち技群<br>　　片足水平立ちグループ：片足水平立ち、<br>　　　　　　　　　　　Y字バランス<br>　　倒立グループ：　頭倒立、倒立<br>　支持技群<br>　　腕立て支持グループ：片足旋回<br><br>・技の組合わせ<br>　グループからいくつかの技を組み合わせる、個人や集団で発表したりお互いに評価し合う | ・支持系<br>　前方支持回転群<br>　　前転グループ：前方支持回転、け上がり<br>　　　　　　　　　転向前下り、踏み越し下り<br>　　前方足かけ回転グループ：<br>　　　　　　　　　前方膝かけ回転<br>　　　　　　　　　前方ももかけ回転<br>　　　　　　　　　膝かけ上がり<br>　　　　　　　　　ももかけ上がり<br>　後方支持回転群<br>　　後転グループ：後方支持回転、逆上がり<br>　　　　　　　　　支持からの後ろ跳び下り<br>　　　　　　　　　棒下振り出し下り<br>　　後方足かけ回転グループ：<br>　　　　　　　　　後方膝かけ回転、<br>　　　　　　　　　後方ももかけ回転<br>・懸垂系<br>　懸垂グループ：高鉄棒での懸垂振動<br>　　　　　　　（順手、片逆手）<br>　　　　懸垂振動から後ろ跳び下り<br>　　　　懸垂振動から前跳び下り<br>・技の組合わせ<br>　２，３の技を組み合わせて行い、上がり下りを加えて組み合わせる、個人や集団で技を組み合わせて発表し、お互いに評価し合う |

| 跳び箱運動 | 平均台運動 |
|---|---|
| ・切り返し系<br>　切り返し跳びグループ：開脚跳び<br>　　　　　　　　　　　かかえ込み跳び<br><br>・回転系<br>　回転跳びグループ：頭はね跳び<br>　　　　　　　　　前方倒立回転跳び<br>　　　　　　　　　側方倒立回転跳び | ・体操系<br>　歩走グループ：前方、後方への歩走<br>　跳躍グループ：片足踏み切り跳び上がり<br>　　　　　　　　かかえ込み跳び<br>　　　　　　　　前後開脚跳び、<br>　　　　　　　　跳び下り<br>・バランス系<br>　ポーズグループ：片足立ち、座ポーズ<br>　ターングループ：片足ターン<br>・技の組み合わせ<br>　移動、ポーズ、ターンを組み合わせて台上の往復に開始、終わりの部分を加えて組合わせる |

高等学校例示技一覧表

| マット運動 | 鉄棒運動 |
|---|---|
| ①回転系<br>〈接転技群〉<br>　　前転グループ：前転、開脚前転<br>　　　　　　　　　伸膝前転、跳び前転<br>　　後転グループ：後転、開脚後転<br>　　　　　　　　　伸膝後転、後転倒立<br>　　側転グループ：側転<br>〈ほん転技群〉<br>　　倒立回転グループ：前方倒立回転<br>　　　　　　　　　　　側方倒立回転<br>　　はねおきグループ：首はねおき<br>　　　　　　　　　　　頭はねおき<br>　　倒立回転跳びグループ：<br>　　　　前方倒立回転跳び<br>　　　　側方倒立回転跳び１／４ひねり<br>　　　　　　　　（ロンダード）<br>②巧技系<br>〈平均立ち技群〉<br>　　片足平均立ちグループ：片足水平立ち<br>　　　　　　　　　　　　片足直立立ち<br>　　倒立グループ：頭倒立、首倒立、手倒立<br>〈支持技群〉<br>　　腕立て支持グループ：片足旋回<br>　　　　　　　　　　　脚前挙支持 | ①支持系<br>〈前方支持回転技群〉<br>　　前転グループ：前方支持回転、け上がり<br>　　　　　　　　　転向前下り、<br>　　　　　　　　　踏み越し下り<br>　　前方足かけ回転グループ：<br>　　　　　　　　　　前方膝かけ回転<br>　　　　　　　　　　前方ももかけ回転<br>　　　　　　　　　　膝かけ上がり<br>　　　　　　　　　　ももかけ上がり<br>〈後方支持回転技群〉<br>　　後転グループ：後方支持回転、逆上がり<br>　　　　　　　　　支持からの後ろ跳び下り<br>　　　　　　　　　棒下振り出し下り<br>　　後方足かけ回転グループ：<br>　　　　　　　　　　後方膝かけ回転<br>　　　　　　　　　　後方ももかけ回転<br>②懸垂系<br>　　懸垂グループ：<br>　　　高鉄棒での手の握り（順手、片逆手）<br>　　　や懸垂の仕方（正面、背面）を変えて<br>　　　の懸垂振動。順手正面懸垂から右また<br>　　　は左へひねりを加えた懸垂振動 |

| 跳び箱運動 | 平均台運動 |
|---|---|
| ①切り返し（反転）系<br>　　切り返し跳びグループ：開脚跳び<br>　　　　　　　　　　　　かかえ込み跳び<br>　　　　　　　　　　　　屈伸跳び<br>②回転系<br>　　回転跳びグループ：頭はね跳び<br>　　　　　　　　　　　前方屈腕倒立回転跳び<br>　　　　　　　　　　　前方倒立回転跳び<br>　　　　　　　　　　　側方倒立回転跳び | ①体操系<br>　　歩走グループ：前進歩走、後退歩走<br>　　跳躍グループ：かかえ込み跳び<br>　　　　　　　　　前後開脚跳び、跳び下り<br>　　　　　　　　　伸身跳び、ひねり跳び<br>②バランス系<br>　　ポーズグループ：片足立ちポーズ<br>　　　　　　　　　　座臥・支持ポーズ<br>　　ターングループ：片足正ターン<br>　　　　　　　　　　片足逆ターン<br>③回転系<br>　　前転・後転グループ：前転、後転<br>　　倒立回転グループ：側方倒立回転<br>　　　　　　　　　　　側方倒立回転下り |

# 9　各種目の運動内容と指導の要点

## Ⅰ．マット運動

・ゆか面やマットを使った運動により、支える、バランスを取る、ころがる、ジャンプする等のマット運動につながる感覚を身に付ける。

## 1　前転

技の構造・系統

　しゃがみ立ちの体勢から両手を肩幅に着き、頭を着きながら前に1回転して再びしゃがみ立ちとなる。

練習・指導の要点

・最初は肩・背・腰の順でなめらかに転がれるよう両膝を両手でかかえて前後にゆらす練習を行う（ゆりかご）　膝のかかえを外したゆりかごができると、ゆりかごから立ち上がることもできる。接転技系統の回転技に有効な練習となる。

・両手に体重を移しながら頭を中に入れ背中を丸めて前に回る。

・両手・後頭部・首・肩・背・腰・尻・踵・足の順で素早くマットに着くこと。

・回転中はあごを引くようにし、起き上がる時はかかとをお尻に引き付けるように起き上がる。

| 発展技 |
| --- |

- スムーズに回転する感覚が身についたら、腰を伸ばして回転し、起き上がる時に素早く踵の引きつけを行うと上級の前転となる。
- また連続したり、片足立ちや前転からすぐに立ちながら両足ジャンプ・かかえ込みジャンプ・1／2ひねり跳びなどの組合せにつながる。

## 2　開脚前転

技の構造・系統

・前転の後半、膝を伸ばしたままで、上体が起き上がる瞬間に足を横に開いて開脚立ちと
　なる。

練習・指導の要点

・最初は準備運動で股関節や手首の柔軟をしっかり行い、開脚座の体勢で前屈をしながら
　両手でしっかり押しはなし、お尻を浮かす練習をする。

・開脚のゆりかごで回転し、踵がマットに着く瞬間に前屈とその押しか同調するよう、タ
　イミングをつかむ。

・前転から行い、最初は少し、膝を曲げる状態で勢いをつけながら手でマットを押し、上
　体を起こす。慣れてきたら膝を伸ばして行う。

・柔軟性があれば回転後半の開脚時に両手を前に出して上体を前方に運ぶことで手なし開
　脚前転ができる。

## 3　伸膝前転

・前転の後半、膝を伸ばし前屈をしながら、勢いよく手で突きはなして、起き上がりは直立となる。

練習・指導の要点

・最初は長座姿勢で腰の横に手を着き、前屈をしながらお尻を浮かす練習をする。

・伸身のゆりかごから回転と踵がマットに着く瞬間の前屈と手の押しが同調するようにタイミングをつかむ。

・回転力や柔軟性が不足の場合は、踏切板や丘の斜面等を利用して前転にスピードをつけたり、補助者に腰を支えてもらい練習をする。

・前屈と手の押しは瞬間的ではなく、最後まで持続させることが有効である。

・回転の始めに首倒立の姿勢から持ち込むように、また2～3歩助走を利用すると大きな回転が得られ、起き上がりが容易になる。

## 4　後転

技の構造・系統

　しゃがんだ姿勢から手を耳の横に添え、体を丸めてマット上に手を着きなが

ら後ろに回転して、再びしゃがみ立ちの姿勢となる。

練習・指導の要点

・前転と同様にゆりかごで、なめらかな初歩のころがりを練習する。

・回転の際の手の添えは、親指を耳につけ、同時に肘をしめるようにすることが後半の起

　き上がりに有効である。

・回転中は体全体をボールのように丸くし、スムーズに回転することが最も大切になる。

・後転の後半起き上がるときは、しっかりあごを引いて両手でマットを支え、体を押し上

　げるようにして起き上がる。

## 5　開脚後転

　　後転しながら伸膝で脚を左右に開き、顔を上げながら上体を起こし、開脚立ちの姿勢と
なる。

・後転ができると容易にできる技で、後転でスピードをつけるようにしながらマットを押
　して、無理なく頭を抜くことができるようにする。

・かかえこみの後転から伸膝の後転でできるようにする。

・連続してできるようにする。

## 6　伸膝後転

技の構造・系統

　後ろ向きの直立姿勢から伸膝のまま前屈し、マットに着手し手で支え足を大きく後ろに動かして後転する。後半は体を強く押し上げるようにし、脚を伸ばしたまま起き上がる。

練習・指導の要点

・伸膝のまま起き上がると肘が屈曲しやすので、両手両足を着いた体勢から肘を伸ばして
　立つ予備練習をする。

・最初は後転の後半に足がマットに着く前に膝を伸ばして起き上がる。

・慣れてきたら後転の前半、膝を伸ばしたまま前屈しマットに手を着いて後転
に入る。

・起き上がる時は普通の後転の時よりも回転加速をつけるようにしながら両手でマットを
　強く押し上げるようにすることが大切。

## 7　後転倒立

　しゃがみ立ちの姿勢から勢いよく上体を倒して、足を斜め上方に振り上げながら素早くマットに手を着き腰の上方への伸ばしと同時にマットを押して頭を起こし一気に倒立になる。

・回転加速に合わせて、足の方向を決めることが重要で、最初は長座姿勢からゆりかごローリングを行い、膝を抱えての転がるスピードを利用して腰を伸ばすタイミングを練習する。

・天井のライト等に目印を定めると足先を見ながら腰を伸ばしていく方向を決めることができる。

・後転の途中で腕を伸ばし、体を支える力をつける。慣れてきたら徐々に脚を倒立方向へ伸ばすように練習する。

・方向が分かれば、腰を伸ばしながら手の押しを一気に行い頭を起こすと倒立体勢が生まれる。

・手の押しが弱い場合は、後転で重心を高い位置に上げて起き上がる練習をする。

## 8−1　首倒立

技の構造・系統

　背中と腰を十分に伸ばし、足先を上方に突き上げる。

## 8−2　頭倒立（三点倒立）

技の構造・系統

・両手と前頭部をマットに着けて、ゆっくりと重心を上げながら、体を伸ばしバランスを
　とる。

練習・指導の要点

・両腕と頭の位置は三点で結ぶようにするとバランスがとりやすい。

・手首の上に肩〜肩の上に腰〜腰の上に足先、というように重心をのせていく。その時、
　脇をしめると安定する。

・最初は腰を曲げた姿勢でバランスを身につけ、慣れたらゆっくり腰を伸ばしてバランス
　をとる。

・上半身と下半身をしっかり同調させることが倒立の基本姿勢となる。

## 8-3　倒立

　倒立は両腕で体を支え、頭と足が直立に逆位になった状態をいう。

（倒立）　　　　　　　（補助倒立）

練習・指導の要点

・壁に足をつけて片足交互に上に導き、逆さまの状態をつくり保持する練習を行う。

・補助者をつけて倒立位になって静止する練習を行う。倒立は倒立経過の回転運動の基礎
　となるので、十分に時間をかけて練習するのがよい。

・両腕でしっかり支え、頭を起こし、やや前方をみるようにする。

・足先はできるだけ上に伸ばすように意識する。

発展技

　倒立感覚が身についたら、倒立を歩行したり、ゆっくり腕を曲げて前転をしたりする。

（倒立前転）

## 9　倒立前転

技の構造・系統

　前向きの直立姿勢から足を振り上げ倒立に入り、足先の位置が前方に倒れると同時に頭を入れ、肘を曲げて前転する。

練習・指導の要点

・最初は補助で倒立をし、前転に入るタイミングをつかむため足先の位置を確認することが有効である。

・前転に入る時、顎をしっかりと引き、背中を丸くすることでスムーズな回転になる。

・倒立はしっかりとゆかを押して足先を上方に伸び上る意識をするときれいな倒立になる。

　　（補助倒立）

## 10　側方倒立回転

技の構造・系統

・マットに横向き立ちの姿勢から片足を前方に上げ、その足を下ろしながら浮き足を振り
　上げ、片方の手をマットに着き、次いで両手を着いて開脚の倒立を経過しながら側方へ
　大きく1回転していく。
　片足立ち、次いで開脚の両足立ちとなる。

練習・指導の要点

・最初は半円の曲線の上で行い、瞬時に片手・片足で支えながら手足の着く順番と重心の
　移動を覚える。
・左方向に回転する時は、右足〜左足〜左手〜右手〜右足〜左足の順で支えることになる
　（右方向へはこの反対）　特に踏み込み足から左手〜右手〜右足は1・2・3・4の素早
　いリズムで支えながら立ち上がる。
・支え方を覚えながら徐々に腰を高く上げて倒立を経過するように行う。
・スタート姿勢はマットに対して横向きから入ってもよいが、慣れてきたら縦向きの姿勢
　から入り、回転に入ると同時に一直線上を回転する。
・倒立ができることが前提となるが、倒立位から片手、片足でバランスを取りながら立ち
　上がる技術が必要である。
・振り上げ倒立から足を替えて横向きになることや、開脚壁倒立から片手を離して回転さ
　せて立つ等、片手・片足での立ち上がりの練習をするとよい。
・補助者が背面側について振り上げ倒立から腰を支えて回転させ、立ち上がりまでついて
　やる。

## 11　首はねおき

技の構造・系統

・体の曲げ伸ばしを利用して立つ技で、しゃがみ立ちの姿勢から両手を前に着き、前転の
　要領で首倒立になり、下半身を折りこむと同時に勢いよく伸ばし、強い腕の突きはなし
　と脚を前上方に振り上げ、体を反らせて着地する。

練習・指導の要点

・最初は長座姿勢から後ろに倒れて、首倒立からの体の曲げ伸ばしによって体が一気に上
　昇するタイミングをつかむ。

・３人組みで跳ね上げの方向と立つ局面を練習する。

・実施時は補助者が軽く引き上げることで跳ね上げの方向・頭の背面・身体の感じを養う。

・次にマット上でしゃがみ立ちからゆっくり頭を入れて首支持になる瞬間に一気に体を伸
　ばし、手の押しを同調させて跳ねおきを行う。

・要領を覚えてもうまく立ち上がれない場合はマットを折りたたんで落差を利用した練習
　をして、スピーディに行えるようになったなら、徐々に落差を無くしてマット上で行う。

## 12 頭はねおき

　しゃがみ立ちからマットに両手と前頭部を着き、腰を曲げる（腰を曲げた頭倒立）腰を肩の位置より前へ倒しながら前上４５°の方向へ一気に体を伸ばし、腕の強い押しはなしと空間で身体を反らした体勢をつくり、勢いよくはねおきる。

練習・指導の要点

・体の曲げ伸ばしを利用する要領は首はねおきと同様だが、首を少しおこした頭支持での屈身姿勢がむずかしい。したがって、８－２頭倒立で膝を伸ばし腰を９０°に曲げた屈身の基本姿勢をつかませるとよい。

・次に頭倒立で体の屈身動作を利用して一気に倒立になる反動を身につける。（補助者が倒れるように軽く手を添えてやる）

・最初は折りたたんだショートマットや低い跳び箱等の落差を利用し、ソフトマットを使用すると安全に実施できる。

・マット上に両足をそろえて肩幅くらいに手を着き、その少し前に頭を着ける。

・正しい屈身の頭倒立で出していき、４５°の位置まで倒す。その位置で頭部を背屈するようにして体を伸ばし下半身を強く振り上げると同時に腕も強く押しはなす。その後は体を反らしてマット上に着地する。

・落差を利用した練習でスピーディに体の曲げ伸ばしを使ってのはねおきができるようになればマット上でも十分に可能となる。

## 13　前方倒立回転

技の構造・系統

・倒立を経過して頭を起こしながらゆっくり身体を反らせ、足をマットにつけてブリッジ
　になり、柔軟性を使って直立に起き上がる。

練習・指導の要点

・日常生活ではほとんど経験しない体を反らす技なので、最初はマット上に仰向けにな
　り、耳のそばに両手を置く。腰を曲げて体を反らせながら足を手の方に引き寄せ、ブ
　リッジの状態を保つ練習をする。

・マットを丸めたり、低い跳び箱などを利用して体を反らす感覚を身に付ける。

・壁を背にして両手を壁につけ、それをつたいながら反らせてみる（どこまで反るかに挑
　戦）

## 14　前方倒立回転跳び

技の構造・系統

・数歩の助走からホップして両手をマットに着き、倒立を経過して体を反らしてから瞬間的に突きはなしを行い1回転し、再び足で立つ。

練習・指導の要点

・全経過体を反らした姿勢で行うので、13、前方倒立回転が基礎となる。

・最初は仰向け姿勢で体を反らして両手、両足で支えるブリッジを身につけ、次いで倒立から前に倒れて体を反らしたままで素早くブリッジになれる動作を覚える。

（ブリッジ）　　　　　　　　　（倒立回転）

・自分の倒立の踏み切り足と、振り上げ足がどちらになるかを決めさせ、倒立の振り上げと同調した手の押し（手によるジャンプ）の練習をする。

・この時、補助者が肩と腰を支えると安全に練習できる。

・低い台を使って、勢いよく振り上げ倒立をして前方回転下りをし、体の浮きと回転加速の感覚を養う。

・初心者は手を突きはなす瞬間、背中が曲がり、肩の位置が垂直より前に出て腰から落ち

ることが多いので、全経過、顔を起こし体を反らして行うことを意識させる。

・助走からのホップはスピードが弱まらないようにし、踏み込み足と両手の振り下ろしがスムーズに出来るよう練習を十分に行う。

・軽い助走に合わせ、倒立の踏み切り足の反対の足を2度着いてジャンプしながら同時に、踏み切り足の引き上げと両腕の振り上げを同調させて、次の倒立回転の加速につなげる重要な予備動作である。

・倒立出来ることが前提となり、特に前方倒立回転跳びでは前に倒れても首を入れずに頭を背屈し、胸・背中を反らした体勢を維持できることが要求される。

・二人組倒立補助で倒立から30°を超える位置に倒して肩が前に出たり、腰が曲がらないよう維持しながら軽く腕の曲げ伸ばしをして、補助者の肩を超えるようなイメージを持たせることが有効。

・いきなりマット上で行うと、着地で強い衝撃を受けることがあるのでフォームを覚えるまでは、ソフトマット上に着地させることが安全である。

（傾斜補助倒立）

発展技

・突きはなしが強く高さが生まれると、片足で立つことができ連続へつながる。

## 15 ロンダート

・助走からホップして側方倒立回転に入ると同時に、上体を1／4ひねり、両足をそろえて倒立を経過。足を勢い良く振り込みながら両手で突きはなし直立になる。

練習・指導の要点

・最初は側方倒立回転の前半で、倒立になりながら1／4ひねり、両手でマットを突きはなすようにして着地する。

・足が開いたままでは、足の振り込みと、手の突きはなしができないので早めに両足をそろえた倒立体勢を経過させるとよい。

・慣れてきたらホップから行い、徐々にスピードをつけて前方倒立回転と同じリズムで行う。

## 16 その他の技

### ① 片足旋回

技の構造・系統

　片足を後ろに出したしゃがんだ姿勢で両手と片足で交互で体重を支え、もう一方の片足を伸ばしたまま鉛直軸の周りに回す技。

練習・指導の要点

・片足を後ろでフリーにした両手、片足支持から、フリー足を回しは始め、支持足で支えながら両手をはなす瞬間に足を通し、次いで両手に体重を乗せながら、さらに足を回して支持足を離す瞬間にフリー足を通して、最初の体勢に戻り一回転で終了する。

・足を後ろに回す時に膝が曲がらないように注意し、全経過で腰を伸ばすようにして足をゆっくり動かしながら手を着くタイミング、手に体重を移して腰をピョンと持ち上げる要領が分るとスムーズな連続旋回ができる。

## ② いろいろな跳躍

前後開脚跳び

左右開脚跳び

交差跳び

反り跳び（輪跳び）

1回ひねり跳び

前後開脚跳び　　　　　左右開脚跳び　　　　反り跳び　　　ひねり

   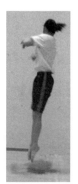

伸身跳び　　　　　　交差跳び　　　　　　　かかえ込み

## ③　いろいろなバランス

片足立ち・水平バランス・正面水平立ち・側面立ち・側面水平立ち
　Y字バランス・V字バランス

片足立ち　　　　　　　　側面水平立ち　　　　　　　　　　V字バランス

ターン

体の縦軸を中心にして行われる回転のことをいう。

注意点

　腕の振り、足の蹴り、または振り回し、胴体（体の軸）の安定性などの総合的なタイミングが大事である。かかとを上げ、つま先でまわると回転しやすい。

# Ⅱ　鉄棒運動

## 1　逆上がり

・順手または逆手で鉄棒を持ち、懸垂姿勢から抱え込むようにしながら足と腰を上げ、腕
　を深く曲げながら腹部を鉄棒に着ける。腹部を軸にして後方に回転しながら身体を起こ
　し正面支持になる。

練習・指導の要点

・最初は胸の高さ程度の鉄棒で、膝を伸ばした片足の大きな反動を利用して鉄棒に腹部を
　着けて勢いよく上がる。

・補助者が、腰を押さえながら体を上げ、腹部が鉄棒から離れないようにして足を回し込
　むと簡単に上がれるので感覚がつかめる。

## 2－1　膝かけ振り上がり

技の構造・系統

・鉄棒に片足をかけた懸垂姿勢から、反対足の膝を伸ばして大きく後ろに振り、反動に合
　わせながら腕を使った引きつけと支えの動作で上がり、片膝かけ支持姿勢となる。

・上体と下腿を同調させたスムーズな震動ができることが必要である。

・掛けていない方の脚の重さを利用して振動し、足を下に下げると反作用で上体が上がってくるのに合わせて引き付け動作をする。上がる時は一気に手首を返して肘が鉄棒の上に来るようにすると支えやすくなる。

## 2－2　膝かけ上がり

技の構造・系統

・懸垂立ち姿勢から足を前に踏み出し、重心が戻る瞬間にかかえ込むようにして一気に膝をかけ、振れ戻りの振動を利用しながら手首を返して鉄棒を押さえ、膝をかけて上がる。

練習・指導の要点

・膝かけ振り上がりで、振動に合わせて一気に片膝かけ支持姿勢に上がれるようになれば懸垂振動からの膝かけ上がりができる。振動に合わせた腰の伸ばし動作を利用すると体の上昇力が生まれ、同時に手首の返しと鉄棒の押さえをすると腕を伸ばしたままでの膝かけ上がりが完成する。

## 3－1　前方膝かけ回転

技の構造・系統

・前後開脚支持から膝の後ろで鉄棒をはさみながら、腕をしっかり伸ばし頭を起こして前に乗り出すようにスタートし、回転の後半の上昇局面で手首を返しながら腿に乗せるようにして上体を支える回転系技。

練習・指導の要点

・逆手での膝かけ振り上がりで、できるだけ振り足を使わずに両足を密着させた前後振動から一気に上がる練習をする。次に前後開脚支持から行い、恐怖感が生まれた場合は補助者に腰と肩を支えてもらう。バランス良く逆手支持で上がれるようにする。

## 3－2　後方膝かけ回転

技の構造・系統

・前後開脚支持から膝をかけ、頭を起こして肩から後方へ回転する。回転の後半の上昇局面で手の握り返しをしながら腿に体重を乗せるようにして上体を支える回転系技。

練習・指導の要点

・最初は後方膝かけ上がりで後半の手首の返しと上体の起こし動作の感覚をつかむ。回転

不足での逆戻りがあるので補助者がついて肩を支えるようにし、後半の上昇のタイミングを合わせるようにする。

## 4　ももかけ上がり

技の構造・系統

・懸垂姿勢から足を交互に大きく踏み出し、素早くかかえ込みながら両足を鉄棒に引きつけた屈身姿勢を作り片足を入れる。屈身懸垂体勢での振れ戻りに合わせて腰の伸ばし動作を行い、体が上昇してくるのに合わせ、手首を返しながら鉄棒を押さえ前後開脚支持の姿勢で上がる。

練習・指導の要点

・大きな振動を利用した膝かけ上がりがももかけ上がりの導入となる。

　ポイントは屈身姿勢で鉄棒に足が触れないようにした振動で、バランス良く維持できることが必要である。

発展技

・要領が分かると、両足を揃えて行う中抜き上がりができる。

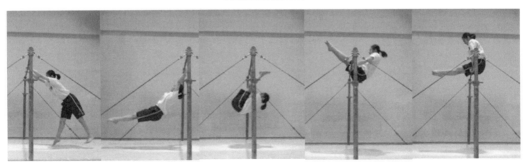

## 5−1　前方ももかけ回転

技の構造・系統

・前後開脚支持から逆手握りで上体を前に倒して回転し、後半の上昇回転に合わせて手首の返しを行い再び前後開脚支持姿勢となる。

練習・指導の要点

・できるだけ体を引き上げて、後ろ足の腿を鉄棒に固定するようにスタート、開脚は狭い方がよい。体を大きく前方へ乗り出すようにすると回転がスムーズで回転後半の上昇につながる。

## 5−2　後方ももかけ回転

技の構造・系統

・前後開脚支持姿勢から上体を後方に倒して回転、後半の上昇回転に合わせて手首の返しを行い、上体を起こして再び前後開脚支持となる。

技の構造・系統

・前後開脚支持姿勢から上体を後方に倒して回転、後半の上昇回転に合わせて手首の返しを行い、上体を起こして再び前後開脚支持となる。

・腕をしっかり伸ばして腰を浮かし背中を後ろに倒しながらスタート、腰を曲げないように背中と足が直線状態で動作すると回転効率がよい。

## 6 だるま回り

技の構造・系統

・正面支持姿勢から前に乗り出しながら膝の裏をかかえ込み、同時に肘と腹で鉄棒を挟むようにして回転、後半は顎を引き肘で鉄棒を押さえて上がる。慣れると連続が簡単な回転技。

練習・指導の要点

・正面支持姿勢から前に乗り出しながら膝の裏をかかえ込み、同時に肘と腹で鉄棒を挟むようにして回転、後半は顎を引き肘で鉄棒を押さえて上がる。慣れると連続が簡単な回転技。

練習・指導の要点

・スタートは顔を起して前に乗り出すことで大きな回転が得られる。回転が始まると同時に鉄棒から握りを外し、素早く肘で鉄棒を支えながら膝裏を抱え込むようにするとスムーズな回転に繋がる。

発展技

・慣れると弾みをつけられるようになり、連続、だるま後転、膝を上から抱えた回転等ができる。

## 7　前方支持回転

・正面支持姿勢から、上体を前に倒すように回転し、腹部でのぶら下がりを経過しながら後半は抱え込むように体を縮めて回転、手首を回転方向に握りなおして再び正面支持姿勢となる回転技。

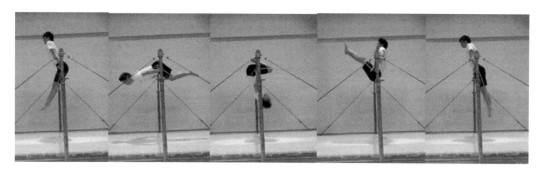

練習・指導の要点

・前半は大きな回転を得るために上体を大きく伸ばしておくことがポイントで、後半は逆に上昇時の抵抗を少なくして回転を得るために、膝を曲げて体を小さく抱え込むようにすることが有効である。前半は大きく回るのでゆっくり、後半は小さくなるので早い回転のイメージを持たせると良い。

・スタートで早く回転しようとすると、足が後方で頭が低い位置のポジションになりがちである。①、腕を伸ばし一度足をゆっくり真下に下げて②、頭をしっかりと起こした姿勢からのスタートが効率の良い、スムーズな回転へと繋がる。

①　　　　　　　　　　　②

## 8　後方支持回転

技の構造・系統

・正面支持から一度両足を後方に振り上げて戻ってくる反動を利用しながら腹部支持で後方に回転し、背中から起き上がるようにしながら手首を返して支え正面支持に戻る回転技。

練習・指導の要点

・後方へ回転することに恐怖感がある場合は逆上がりやだるま後ろ回り等で腹部をつけて後方へ回転する感覚をつかむ。

・振り上げから戻ってくるときに腰が曲がってしまうと回転が止まってしまうので、鉄棒に腹部がつくまでは体を反らした大勢を保ち、腹部が鉄棒につく瞬間には肩を後ろに倒しながら、同時に足を振り込みながらかかえ込みを始めるタイミングを合わせることが重要である。

発展技

　かかえ込みの回転ができれば、振り上げから肩の回転と足の振り込みを同調させることにより、膝・腰を伸ばした伸身での後方支持回転ができる。

## 9－1　け上がり

・懸垂姿勢から腕を伸ばして前に踏み出し、振れ戻りに合わせて両足を鉄棒に引きつけ素早く屈身姿勢を作る。屈身での振れ戻りに合わせて体が鉄棒から離れないように脇をしめながら腰を伸ばし、手首を返しながら上体を鉄棒上に乗り出し正面支持となる。

練習・指導の要点

・け上がりの要領はももかけ上がりの技術の中にほとんどが含まれるので膝かけ上がりと合わせての導入が有効。

・短懸垂での振れ戻りの振動と腰の伸ばしと脇の締めの三つの動作を同調させることがポイントである。

## 9－2　短振け上がり

## 10 踏み越し下り

技の構造・系統

・正面支持姿勢から手は片逆手で握り、かるく腰を曲げ、その反動を利用して後ろに振り上げて片足を鉄棒上にのせる。鉄棒にのせる片足は順手側にのせ、次に残った方の足を後ろに振り上げると同時に鉄棒上の足を蹴り、両足を揃えて下りる。

練習・指導の要点

・最初は両手と乗せ足で体を支え、少しだけ体重を上げ、乗せ足の内側に後ろ足を通すようにしながら肩を前に移動して下りる。

## 11 棒下振り出し下り

技の構造・系統

・正面支持姿勢から下半身を一度前に振り、その反動を利用して後ろに振り上げ、おりてくる勢いを利用し、下半身の回転に続き上半身を後ろに倒しながら振り出しに移る。振り上げは一気に肩角を広げながら放物線上に体を反らせて着地方向を見ながら下りる。

練習・指導の要点

・肘が曲がったり、足首が鉄棒から離れて腰が落ちると、バランスが悪いのでスムーズな回転加速ができない。空間の姿勢や着地のバランスは身体の反り具合で調整する。

# Ⅲ． 跳び箱運動

## 1－1　開脚跳び

技の構造・系統

・助走から両足踏み切りで体を上げ、両手を跳び箱の先の方へ着いた支持体制を経過しながら突きはなし、足を開いた切り返しの跳び越しをして着地する。

練習・指導の要点

・いきなり跳び越しに入る前に、跳び箱の端から端への馬乗り移動で自分の身体の支え方、移動の仕方、最後に支持から肩を前に出しての開脚での下り方や、二人組での馬跳び練習等、身体の移動の感覚を身につけるために有効である。

（移動）

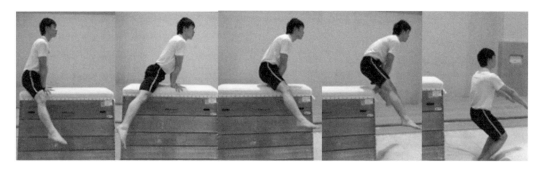

（二人組馬跳び）

## 1－2　水平開脚跳び

技の構造・系統

・踏切から腰を伸ばすように体を上げ、身体の体勢を経過しながら、着手の瞬間に開脚をして突きはなしを行い、切り返しをして跳び越す。

練習・指導の要点

・開脚跳びが大きく跳べるようになると脚を素早く振り上げ、腰を入れて体が水平になるようにした支持から、突きはなしと切り返しをして跳び越すことができる。

・腰が曲がったままの振り上げと腰が高い着手は回転系の着手パターンとなるため、切り返しが困難である。踏み切り動作から両足を揃えたままで瞬間的に腰を入れるようにすると、水平面での着手と切り返しができるので有効である。

## 2－1　閉脚跳び

・助走から両足踏み切りで体を上げ、両手を跳び箱の先に着いた支持体制を経過しながら
　閉脚で突きはなしを行い、脚を両手の間に通すように切り返し系の跳び越しをして着地
　する。

練習・指導の要点

・両手で支えながら両足を揃えての跳び動作をするので、ゆかの上でのウサギとびの練習
　が初歩的な動作として有効である。閉脚跳びは瞬発的な強い突きはなしが必要で、両腕
　の間を脚が通過する時にはすでに手は跳び箱から離れているタイミングが望ましい。

・踏み切りが弱かったり、手前着手になって跳べない段階では、跳び箱を横向きにして、
　少しずつ踏切板を遠くに離していくと大きく跳べるようになる。

## 2－2　水平閉脚跳び（屈伸跳び）

技の構造・系統

・かかえ込み跳びが大きく跳べるようになれば、膝を伸ばした発展型の閉脚跳びができる
　段階である。

練習・指導の要点

・伸膝での腕立てで跳び上がり下りを行い、強い突きはなしができるようになり、跳び箱
　の先端に立てるようになれば伸膝での跳び越しが可能である。閉脚の屈伸跳びは強い突
　きはなしとともに効率よく高さを出す必要がある。

　（注：突きはなしと屈身のタイミングが合わないと、前のめりの着地になることがある
　ので、着地後に素早く前転を行うようにさせる）

## 3　台上前転

技の構造・系統

・踏み切りから腰を高く上げるようにして着手し、マット運動の前転と同じ要領で両手の
　間に後頭部をつけて回転しながら腰と膝を少し伸ばしながら高さに合わせて着地に入る
　回転系の運動。

練習・指導の要点

・マット上での「前転」ができることが前提である。

・最初は低い跳び箱の台上で前転を行い、スムーズに真っ直ぐに回転することとバランス
　よく着地に入る感覚をつかませる。スムーズに回転できれば、一段ずつ高さを上げてい
　くことで段階的な練習が展開され、明確な上達を図ることができる。

## 4　頭はね跳び（ヘッドスプリング）

技の構造・系統

・踏み切りから腰を高く上げるようにして台上の中央部先付近に着手、同時に頭部を着けた屈身体勢から脚を着地方向に振り出し、同時に両腕で突きはなしをし、手で押し続けながら体を反らし、空中姿勢を確認しながらはね跳び回転をして着地に入る。

練習・指導の要点

・マット運動のヘッドスプリングの要領で実施、台上から実施するための落差があるので、ヘッドスプリング下りの動作を身につけることになる。

・いきなり実施すると空中姿勢のコントロールが分からず、回転不足により跳び箱の端やマットの上に腰から落ちたり、回転過多も発生するので、回転中に瞬間的な腰の開きを行うことで浮きが生まれ、着地がとりやすくなることを理解させると良い。

## 5 前方倒立回転跳び（ハンドスプリング）

・助走のスピードを利用して強く踏み切り、上体を前方に振り込みと同時に身体を背屈するようにして足先を勢いよく振り上げ、台上で体を一直線にするようにした倒立姿勢を経過して着手、強く突きはなして伸身での空中姿勢を保ち、その後頭を腹屈し、着地をとりにいく回転運動。

練習・指導の要点

・練習段階としては、台上前転→台上前転首はね跳び→ヘッドスプリング→ハンドスプリングで、回転の感覚およびはね跳びの感覚をつかみ、安定した着地がとれるようになれば良い。

注意点

・効率の良い、強い踏み切りができない段階での導入は倒立姿勢で停滞し、失速して後半の回転に入れず、台上に落下する等の失敗が発生する避けるべきである。

## 6　側方倒立回転跳び

技の構造・系統

・正面向き踏み切りの後、脚を振り上げながら長体軸に１／４ひねりを加え、横向きの倒立姿勢を経過し、両手を突きはなすようにして体の前後軸回りの回転をして横向きに着地する。

技の構造・系統

・正面向き踏み切りの後、脚を振り上げながら長体軸に１／４ひねりを加え、横向きの倒立姿勢を経過し、両手を突きはなすようにして体の前後軸回りの回転をして横向きに着地する。

練習・指導の要点

・マットでの「側方倒立回転」を身につけることが前提となる。

・導入として、台上〜側方倒立回転下りで回転後半の押しとコントロールを身につける。次いで横跳び越しで踏み切り・着手・突きはなし・着地のリズムをつかむ。

## ◉ 跳び箱運動の「踏み切りの技術」

・跳び箱における踏み切り方は、バレーボールや垂直跳びのジャンプのように膝を深く曲げてから伸ばすジャンプ型ではいけない。

　タイミングが遅れてしまい、踏切板の弾みを正しく利用することができず、跳び箱に衝突するような反動になってしまうので、縄跳びの二重跳びジャンプのように着地（踏み切り）の瞬間には全身を圧縮するような緊張状態を作り、素早く膝を伸ばして重心を上げる瞬間的なジャンプ動作が必要である。

　さらに、跳び箱運動は、直立状態のまま運動をするのではなく、踏み切りと同時に腕を前に振って体を前に投げ出すようにして、必ず瞬間的に身体の水平状態（水平支持）を経過させて着手し、再び直立になる運動感覚と技術を身につけさせることが必要である。

・助走から踏切板に入る瞬間は、わずかに加速するようにして両足をそろえながらの踏み切りを行うことが有効である。

　助走で全力を出してしまうと、大切な踏み切りに入る瞬間に減速してしまうことになるので、軽い助走から素早く・強い踏み切りができるようにして、徐々に高さを上げて行くことが必要。

・また、踏切板の直近まで走り込んでしまうと、加速しながら踏切板に入る余地がなくなり、踏み切り体勢づくりが遅れてしまうので、少し離れた位置から踏み込んで踏切板に入ることが必要。

・踏切板と跳び箱の距離は、あまり近すぎても良くない。ジャンプの瞬間に膝をぶつけることになるので、初歩の踏み切り技術をマスターし、高さを増して行く段階においては、少しずつ距離を離してやることで助走スピードに合わせた、素早く強い踏み切りが完成する。

# Ⅳ．平均台運動

## ◎　平均台運動の感覚作り

　ゆか面や低い平均台を使うことにより、バランス等の平均台運動につながる運動感覚を身につける。

## 1　歩走

・前進歩走……前に歩いたり、走ったりする。

・後退歩走……後ろに歩いたり、走ったりする。

・側進歩走……横向きで歩いたり、走ったりする。（カニ歩き）

・屈膝歩き……膝を深く曲げたままで、前や後ろに歩く。

・ツーステップ……左足を前に出し、その足の踵に右足先を引きよせながら、左足を一歩
　　　　　　　　　　前に出す動作を交互に繰り返す。

・両端から歩きよってジャンケン。

・膝や足の甲を手でたたきながら歩く。

　①歩き（前）　　　　　　　　　　　　②ツーステップ

練習・指導の要点

・歩走……最初はゆっくり歩行の練習から入り、慣れてきたら走ってみる。
　　　　　足は台の側面に沿って前に運び出し、出した足に体重を移し変える。

・形にこだわらない練習から、指先まで伸びた優雅で美しい歩・走にする。

・基本的には両手を横に上げ、肩の力を抜いて胸を張り、背筋を伸ばすとバランスがとり
　　易い。

・顔は正面を見て歩く。

・手の位置やポーズ等もいろいろ変えてみる。


## 2 跳躍

・伸身跳び……体を伸ばし、両足で真上に跳び上がる。

・片足跳び……片足で2・3回連続して跳ぶ。反対足も行う。

・かかえ込み跳び……両足をかかえ込むようにして跳び上がる。できるだけ膝を胸に引きつける。

・前後開脚跳び……脚を前後に開いて跳び、台上へ両足か片足で着台する。

・左右開脚跳び……脚を左右に開いて跳び、台上へ両足か片足で着台する。

・屈身跳び……両足で跳び上がり、上体を前に倒すと同時に、体に膝を引きつけるようにして、屈身姿勢になる。

・ねこ跳び……片足で膝をかかえるように跳び上がり、足を替えて台上に下りる。

・反り跳び……両足で跳び上がると同時に体を後ろに反らせる。

・伸身1／2ひねり跳び……両足で上に跳び上がりながら1／2ひねり、両足で着台する。

・始めは小さい跳びから練習し、徐々に大きく高い跳びの練習をしていく。

・着台する時は膝を柔らかく使い、決して膝をつっぱらないように注意する。

## 3　ポーズ・バランス

・片足立ち……他方の足を前・横・後ろ等に上げて立つ。

・水平バランス……片足で支え、上体と他方の足は平均台に対して水平の位置で保つ。

　　　　　　　　（正面水平立ち・側面水平立ち・背面水平立ち・Ｙ字バランス）

・座ポーズ……Ｖ字バランス・脚を前後に開いた前後開脚座・左右に開いた左右開脚座等

・支持ポーズ……伏臥支持・仰臥支持

練習・指導の要点

　・バランス系の練習をする時、全身を共調させるとバランスが取り易い。

　・優雅で安定した、美しさを強調する。

## 4　ターン

・両足ターン……足を前後にずらした直立姿勢やしゃがみ立ち姿勢から、両足で１／２で方向を変える。

・片足ターン……片足を前や後ろに踏み出したり振り上げたりして、１／２方向を変えたり、１回ひねりする

（いろいろな姿勢）

・ターンする時は、床上で十分練習をしておき、慣れてから台上で行う。

・平均台に対して体を一直線で垂直に保ち、ターンの方向へ顔を向ける。手は胸の前にかまえ、手の振りと体の上下運動の変化をあたえターンする。

・ターンは適度なスピードがある方がかえって安定する。

・かまえた姿勢で重心を下にかけておき、回転するタイミングを合わせて上に伸びあがる。

・軸足を強く押しておく。


## 5　回転

### 5－1　前転

技の構造

・台上で縦向きになり、脚を前後にしたしゃがみ立ちの姿勢から、前転し再びしゃがみ立ちになる。体をボールのように丸くしてまわる。

練習・指導の要点

・ゆかで十分練習する。

・始めは低い平均台や平均台にマットをかぶせて練習してみる。

・最初は両手の親指を台上にかけ、残りの指で側面を支え、頭を入れながら親指を外し、手を下に滑らせ、台の下を持つ。同時に頭を両脇ではさむようにし、平均台を押さえながら回転する。腰の位置が台上にあることを確認し、上体を起こして立ち上がる。

・慣れてきたらスピードをつけ、体をボールのように丸くした前転を行う。

・回転中は平均台の背中が中心をたどるように心がける。

・マット上で手を使わない前転ができれば、手なし前転ができる。

・落下時に手を先に着きにいったり、足をつっぱって下りると、怪我の危険性があるので十分注意する。

・落下時は力を抜かない。

## 5－2　後転

技の構造

・台上で両足を前後または揃えたしゃがみ立ちの姿勢で、腰を下ろしながら手のひらを上に向け、両手で平均台を押さえて後転する。

練習・指導の要点

・床上で十分練習する。

・始めは低い平均台や平均台にマットをかぶせて練習してみる。

　（台上に仰向けに寝て、両手で平均台を押さえながら足を頭の上までまわし込む）

・台上での後転はゆっくり行うよりも、ある程度スピードをつけるほうが楽に回転できる。

## 5−3　側方倒立回転

技の構造

　台上に縦向きの姿勢から片足を前に上げ、その足を下ろしながら片方の手を台上に着き、次いで他方の手を着いて、開脚の倒立を経過して側方へ回転し、開脚立ちとなる。

練習・指導の要点

・最初はマットや低い平均台で十分に練習し、自信がついてから高い平均台で練習する。

・回転中は体を一直線に保ち、肩や腰が出すぎないようにする。

・慣れてきたら膝を伸ばして大きく回転する。

## 6　上がり方

・かけ上がり……片足踏み切りで上がる。2、3歩の助走の後、踏み切り板、もしくは低
　　　　　　　い跳び箱を使って跳び上がり、片足または両足で着台する。
　　　　　　　（縦向き・横向き）

・支持上がり……平均台上を両手で支え、両足で台上に跳び上がり、両足または片足の座
　　　　　　　の姿勢になる。（閉脚・開脚）

・V字上がり……平均台に横向き立ちから踏み切り、同時に右足（左足）を振り上げ、平
　　　　　　　均台の上に乗せる。乗せた足を降ろしてV字の姿勢になり、キープした
　　　　　　　らバランスをとりながら前に重心を移動して腰を上げて立つ。

（かけ上がり）

（支持上がり）

（V字上がり）

## 7　おり方

### 7－1　跳び下り

技の構造・系統

・台上からかかえ込みや開脚、反る等の変化をさせて着地する。

## ７－２　側方倒立回転下り

### 技の構造・系統

・台上の端部に縦向きの姿勢から片脚を前に振り上げ、その脚を下ろしながら片方の手を台上に着き、次いで他方の手を着き、開脚の倒立を経過して側方へ回転し、両足を揃えながら突きはなしてマットに着地する。

### 練習・指導の要点

・始めは腰を曲げた状態の小さい動作で、重心の移動と感覚を身に付ける。慣れてきたら徐々に腰を伸ばし、スピードをつけ、大きく回転する。瞬間的に突きはなすようにして大きく回転して下りる。

### 注意点

・いきなり大きく回転しようとすると、着地時の怪我に繋がりやすいので、小さい動作から徐々に感覚を身につける。

・着地時は膝をつっぱらないで、柔らかく着地するよう心がける。

### 発展技

・倒立を経過して側方へ回転しながら１／４ひねり、体を平均台の方に向けて着地する側方倒立回転１／４ひねり下りを練習してみる。

（側方倒立回転１／４ひねり下り）

# 10　教員採用試験問題

## 1　実例

〈共通〉

（1）中学校における器械運動の中のマット運動では、1つの技を習得させていくために
　　は、どのような手順をおって指導していけばよいか。また、1つの技ができるように
　　なったらどのように発展させていけばよいか答えなさい。なお、回転系の接転技群と
　　ほん転技群で行われる技を数種、また、巧技系の平均立ち技群と支持技群で行われる
　　技を数種答えなさい。

　　（1）解答

　　　　初めはゆっくり、正確に行わせ、次に運動の形が崩れないようにして徐々にス
　　　ピードを増していくように指導を進めていく。とくにまだできない技を習得する
　　　場合はその技の基礎的技能や動きの類似した運動を経験し、段階的・系統的に学
　　　習できるようにする。また、1つの技がある程度正確にできるようになったら、
　　　同じ技を繰り返したり、技を組み合わせたりしていく。組み合わせる場合は、技
　　　の特長を生かし、円滑な組合せを工夫できるようにする。

　　　〔回転系〕

　　　　○　接転技群＝側転、前転、開脚前転、伸膝前転、跳び前転、後転、開脚後転、
　　　　　伸膝後転、後転倒立など。

　　　　○　ほん転技群＝側方倒立回転、前方倒立回転、前方倒立回転跳びとその変化
　　　　　技、頭はねおき、首はねおきなど。

　　　〔巧技系〕

　　　　○　平均立ち技群＝頭倒立、倒立、片足水平立ち、Y字バランスなど。

　　　　○　支持技群＝腕立て支技等のポーズ、片足旋回など。

（2）次のA～D群は、高等学校の器械運動に関わることがらである。A群は器械運動の
　　　4つの種目を示し、B群は技の系統を示し、C群は技の分類を示し、D群は技の種類

を示している。A群の①〜④の種目にかかわるB〜D群のことがらを選び、解答欄に記号で答えなさい。なお、D群は代表的な技を1つのみ示した。(B・C群には同じ記号を使ってよい)

A群　{　①マット運動　②鉄棒運動　③平均台運動　④跳び箱運動

B群　{　ⓐ支持系　ⓑ体操系　ⓒ回転系　ⓓ巧技系　ⓔ切り返し（反転）系
　　　　　ⓕバランス系　ⓖ懸垂系

C群　{　㋐跳躍グループ　㋑後方支持回転技群　㋒接転技群
　　　　　㋓ターングループ　㋔歩走グループ　㋕ほん転技群
　　　　　㋖前方支持回転技群　㋗平均立ち技群　㋘支持技群
　　　　　㋙ポーズグループ　㋚倒立回転グループ　㋛前転・後転グループ

D群　{　㋐前進歩走　㋑頭はね跳び　㋒側方倒立回転下り　㋓逆上がり
　　　　　㋔側方倒立回転跳び1／4ひねり（ロンダード）　㋕片足立ちポーズ
　　　　　㋖片足旋回　㋗後転倒立　㋘開脚跳び　㋙懸垂振動　㋚伸身跳び
　　　　　㋛前転　㋜け上がり　㋝片足正ターン　㋞手倒立

解答欄

| A群 | ① | | | | ② | | | ③ | | | | | ④ | |
|---|---|---|---|---|---|---|---|---|---|---|---|---|---|---|
| B群 | (1) | | (2) | | (3) | | (4) | (5) | | (6) | | (7) | (8) | (9) |
| C群 | (10) | (11) | (12) | (13) | (14) | (15) | ✕ | (16) | (17) | (18) | (19) | (20) | (21) | ✕✕ |
| D群 | (22) | (23) | (24) | (25) | (26) | (27) | (28) | (29) | (30) | (31) | (32) | (33) | (34) | (35) (36) |

（2）解答

(1)—ⓒ　(2)—ⓓ　(3)—ⓐ　(4)—ⓖ　(5)—ⓑ　(6)—ⓕ　(7)—ⓒ　(8)—ⓔ　(9)—ⓒ

(10)—㋒　(11)—㋕　(12)—㋘　(13)—㋗　(14)—㋖　(15)—㋑　(16)—㋔　(17)—㋐　(18)—㋙

(19)—㋓　(20)—㋛　(21)—㋚　(22)—㋗　(23)—㋕　(24)—㋞　(25)—㋖　(26)—㋜　(27)—㋓

(28)—㋚　(29)—㋐　(30)—㋝　(31)—㋕　(32)—㋝　(33)—㋛　(34)—㋓　(35)—㋘　(36)—㋑

（3）次の文章は、器械運動における練習計画についてのことであるが、初歩の段階と思うものにはA、進んだ段階と思うものにはBを（　）の中に記入しなさい。

（1）支持運動では、前方支持回転（腕立て前転）や後方支持回転（腕立て後転）によって回転の感覚を、また踏み越しおりや開脚飛び越しおりの練習によって、空間での感じをつかむ。（　　）

（2）跳躍運動では、伏臥姿勢の腕立て斜め跳びおよび水平跳び、伏臥姿勢の腕立てあお向け跳び、さらに前方倒立回転跳び（腕立て前方回転）などの回転系の技をいろいろ練習する。（　　）

（3）回転運動では、横転、前転、後転などの回転の技をフォームにこだわらずに行い、回転における平衡感覚を養うことが最も大切である。また、同じ技を何回か連続して行うことも、平衡感覚を養ううえに効果がある。（　　）

（4）跳躍運動では、とびあがりおりや腕立てとびあがりおりなど簡単な技を低い跳び箱で数多く練習し、跳び箱の高さに慣れる。（　　）

（5）回転運動では、側方倒立回転（腕立て側転）や前方倒立回転（腕立て前転）などの回転系統の技を中心に練習する。（　　）

（6）懸垂運動では、はじめに種々の握り方で鉄棒にさがってみて、両手で自分の身体をささえる感じをつかむ。次に順手による振動や逆上がりを行い、懸垂系および支持系の技の基本を身に付けるようにする。（　　）

（7）まず器械に自分の身体を慣れさせることが大切である。器械を恐れていては技の上達は望めない。（　　）

（8）できるだけ種類の異なった技を練習し、自分の身体をいかなる方向に対しても自由に動かせるようになることを目標とする（　　）

（3）解答

⑴―B　⑵―B　⑶―A　⑷―A　⑸―B　⑹―A　⑺―A　⑻―B

〈鉄棒運動〉

（1）鉄棒運動の前方支持回転技群、後方支持回転技群をそれぞれ３つずつあげよ。〈東京都〉

（2）次の図の（1）〜（3）の鉄棒のにぎりかたは何というか。名前を答えなさい。

（1）　　　　　　　　　（2）　　　　　　　　　（3）

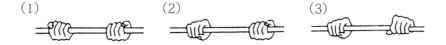

（3）次の図は支持の姿勢から、腕立て前転を行う要領を図示したものである。これを見て下の問いに答えなさい。

（1）回転を始めるときの姿勢として最も良いものはＡ図の中のどれか、記号で答えよ。

（2）なぜこのような姿勢をとるのか、その理由を述べよ。

（3）回転の途中の姿勢として最もよいものはＢ図の中のどれか、記号で答えなさい。

（4）回転が終わりかけているときの姿勢として最も良いものはＣ図の中のどれか、記号で答えよ。

（5）このときとくに注意することは何か、述べよ。

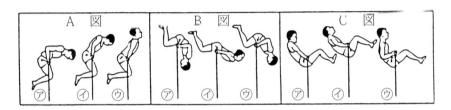

解答

〈鉄棒運動〉

（1）前方支持回転技群……ももかけ上がり、け上がり、前方支持回転

　　　　後方支持回転技群……逆上がり、後方ももかけ回転、転向前おり

（2）(1)逆手　(2)片逆手　(3)順手

（3）(1)—ウ　(2)勢いを大きくするため　(3)—イ　(4)—ア　(5)手のかえし

〈跳び箱運動〉

（1）跳び箱運動について、Ａ群に最も関係のあるものをＢ群、Ｃ群より選び、（　　）内に記号で答えなさい。

　　〔Ａ群〕

（1）開脚跳び（　　）・（　　）

（2）斜め跳び（　　）・（　　）

（3）水平跳び（　　）・（　　）

　　〔Ｂ群〕

（a）跳び箱の真ん中ぐらいに手をつく。

（b）跳び箱の先の方に手をつき、前下の方へつっぱるようにつきはなす。

(c) 跳び箱の先の方に手をつき、手前にかく。

〔C群〕

(ｱ) 少し高めに踏み切る。

(ｲ) 高くゆっくり踏み切る。

(ｳ) 低く早めに踏み切る。

（1）解答

(1)—(c)—(ｱ)　(2)—(a)—(ｳ)　(3)—(b)—(ｲ)

（2）跳び箱運動について、下の図を見て、問1～問4に答えなさい

問1　この跳び方の名称を書きなさい。

問2　第1局面（助走→踏み切り→着手）における指導のポイントを2つ書きなさい。

問3　この跳び方を習得するための練習方法を3つ書きなさい。

問4　この跳び方を指導する際の安全上の留意事項を2つ書きなさい。

（2）解答

①前方倒立回転跳び

②・勢いよく助走して、両足で踏み切って勢いよく脚をはね上げる。

　・両腕でしっかり支えて顔を起こす。

③・代替できる器具（例えばロールマットなど）を用いる。

　・場の工夫をする、友達同士での補助の仕方を工夫する。

　・ある程度跳べるようになったら、手の突き放しや空中フォームに意識をもた
　　せ、安定して跳べるようにする。

④・跳び箱の条件（高さ、向きなど）を変えたりして、段階的に安全を留意して
　　行なう。

　・できない生徒に対しては代替できる器具を使用し、必らず補助者をつけるな
　　ど安全面に留意して行なう。

（3）跳び箱運動の切り返し系の技を1つあげよ。

　　　　（3）解答　開脚跳び・屈身跳び・かかえ込み跳びなど（以上から1つ）


（4）跳び箱運動について次の問いに答えよ

　（1）跳び箱運動は他の跳躍運動と異なる点がある。その特色について述べよ。

　（2）跳び箱運動の跳び方を1つあげよ。

　（3）跳び箱運動の跳び方は大別して、2つの系統にわけられる。その2つを記せ。

　　　　（4）解答

　　　　（1）足と腕の交互ジャンプによる支持跳躍である。

　　　　（2）（例）水平跳び型

　　　　（3）①切り返し系の跳び方

　　　　　　②回転系の跳び方


### 〈マット運動〉

（1）マット運動で後転を行なうときの要領について、(1)、(2)に記号で答えなさい。

　（1）まわりはじめの手の開きはどれがよいですか。

　　（ア）手のひらは下に向け、指先が後ろを向く

　　（イ）手のひらは上に向け、指先が後ろを向く。

　　（ウ）手のひらは上に向け、指先が前を向く。

　（2）身体がマットにつく順序は、次のどれですか。

　　（ア）首→背中→腰の順

　　（イ）腰→背中→肩の順

　　（ウ）背中→肩→腰の順

（2）次の文の（　　）に適するものを解答群から選び、記号で答えなさい。

　　開脚前転は（　①　）の要領で前に回転し、両足が（　②　）につこうとするときに

　脚を左右に開き、両手をももの（　③　）につき、上体を（　④　）前に曲げて起きる。

　できるようになったら、両手をマットにつかずに立つ。

　　　　〔解答群〕

　　　（ア）内　側　　（イ）マット　　（ウ）前　側

　　　（エ）前　転　　（オ）深　く　　（カ）軽　く

（3）次の図を見て、（　）にあてはまる語句を書き入れなさい。

　　倒立は、両の指を自然に開いて、両手の開きは、（　a　）幅となる。腕から足先まで　でが（　b　）上になるのがよい。①は肩が（　c　）に出すぎており、②は身体が　（　d　）すぎている。補助倒立などで練習するとよい。

　　　　解答
　　　（1）(1)―(イ)　(2)―(イ)
　　　（2）①―(エ)　②―(イ)　③―(ア)　④―(オ)
　　　（3）ⓐ肩　ⓑ一直線　ⓒ前　ⓓ曲がり

（4）マット運動の技（わざ）の組み合わせを示したものである。下の◻︎◻︎に技（わざ）　の名称を入れよ。

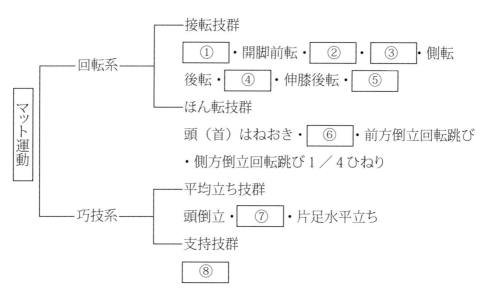

（5）次の図を見て各問いに答えよ。

（1）この技の名称を答えよ。

（2）上の図の①～⑥のところで特に留意すべき事項を１つ記せ。

（3）上の図の⑥～⑧のところで特に留意すべき事項を１つ記せ。

（4）この技のできない生徒に対する段階的な練習内容を４つ記せ。

　　　解答

　（4）　①前転　②伸膝前転　③跳び前転　④開脚後転　⑤後転倒立

　　　　　⑥側方倒立回転　⑦倒立　⑧片足旋回

　（5）　（1）伸膝前転

　　　　（2）前方に跳び込むように、軽くけると同時に膝をよく伸ばし、特に腰
　　　　　　角をひろげて回転にはいる。

　　　　（3）すばやく手をついて深く前屈し、腰を浮かせながら両手で強くマッ
　　　　　　トを押し、腰を浮かせながら顔を両足につけるようにして、つま先に
　　　　　　力を入れて立ち上がるようにする。

　　　　（4）①伸膝で腰角を広げて「ゆりかご」の動きを練習する。

　　　　　　②落差を利用し（マットの下にロイター板を入れるなど）狭い脚の開き
　　　　　　　で伸膝前転の練習をする。

　　　　　　③マットの上（平面）で狭い脚の開きの伸膝前転の練習をする（補助
　　　　　　　者をつけてもよい）。

　　　　　　④軽く助走し、スピードを利用して伸膝前転の練習をする。

**〈平均台運動〉**

1 平均台運動の技（わざ）の組み合わせを示したものである。下の◯◯◯◯に技（わざ）の名称を入れよ。

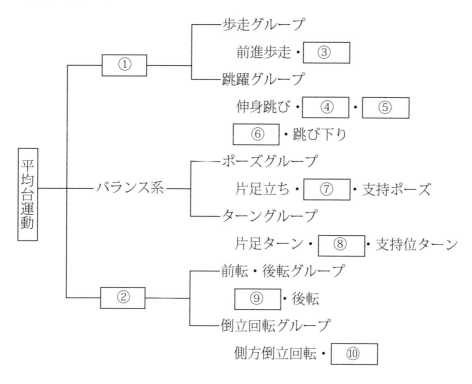

2 次の文は、平均台の上がり方と下り方について述べたものである。( ) に入る適語を選べ。

(1) 生徒の技能の進歩の ( ① ) に応じて運動課題を与えることになっているが、平均台運動を一連のものとして行う場合には台上での ( ② ) とともに上がり方や下り方も身につけておく必要がある。

(2) 上がり方には ( ③ ) を使って上がる技と、( ③ ) を使用せずに上がる技とがあり、平均台をまたいだり、( ④ ) で立ったり、しゃがんで立つなどさまざまな方法がある。さらに高度な技になると、倒立や ( ⑤ ) を伴って上がる技がある。これらは、次にどのような ( ⑥ ) を行うかによって決まるものであるから、それとの ( ⑦ ) を図りながら適切な方法を取るようにする。平均台は、踏み切って上がるために ( ⑧ ) の大幅な移動があるため、平均台の ( ⑨ ) が狭いことが特に ( ⑩ ) を起こさせる要素になる。初めのうちは跳び箱や、大きな台などを利用して跳び上がる練習を行うとよい。

　　また、下り方にも腕支持や（　⑪　）で下りるなど各種の方法があるから、前に行う技との関連で適切な（　⑫　）を選ぶようにする。

（3）指導の要点としては、上がり方では次の（　⑬　）での技能に円滑に連続できるような姿勢をとることと、それを（　⑭　）に行うことであり、下り方では台上から地床に下りるときの（　⑮　）とその安全性および着地のバランスがうまく取れるようにすることである。

〔語群〕

　（ア）方法　（イ）倒立　（ウ）安全　（エ）空間姿勢　（オ）回転　（カ）技能　（キ）跳躍

　（ク）運動　（ケ）恐怖心　（コ）段階的　（サ）程度　（シ）開脚　（ス）重心　（セ）幅

　（ソ）関連　（タ）低い　（チ）手　（ツ）台上

　解答

　〈平均台運動〉

　1　①体操系　②回転系　③後退歩走　④かかえ込み跳び　⑤開脚跳び

　　　⑥ひねり跳び　⑦座ポーズ　⑧座位ターン　⑨前転　⑩側方倒立回転下り

　2　①−(サ)　②−(カ)　③−(チ)　④−(シ)　⑤−(オ)　⑥−(ク)　⑦−(ソ)　⑧−(ス)

　　　⑨−(セ)　⑩−(ケ)　⑪−(キ)　⑫−(ア)　⑬−(ツ)　⑭−(コ)　⑮−(エ)

# 11  参考文献

1. 日本の体操　　　　　　　　　　石橋武彦・佐藤友久　　　　　　　　不昧堂

2. 日本のスポーツ分化史　　　　　木村毅　　　　　　　　ベースボールマガジン

3. 現代スポーツ百科辞典　　　　　日本体育協会　　　　　　　　　　　大修館

4. 体育の分化史　　　　　　　　　岸野雄三　　　　　　　　　　　　　大修館

5. 図説マット運動　　　　　　　　浜田靖一　　　　　　　　　　　　　新思潮社

6. 跳び箱・平均台運動　　　　　　金子明友　　　　　　　　　　　　　大修館

7. マット運動　　　　　　　　　　金子明友　　　　　　　　　　　　　大修館

8. 器械運動の指導　　　　　　　　学校体育研究同志会　　ベースボールマガジン

9. 器械運動指導ハンドブック　　　中島光広　　　　　　　　　　　　　大修館

10. 体操辞典　　　　　　　　　　　佐藤友久・森直幹　　　　　　　　　道和書院

11. マット運動　　　　　　　　　　寺井勝三　　　　　　　　　　　　　成文堂

12. 鉄棒運動　　　　　　　　　　　寺井勝三　　　　　　　　　　　　　成文堂

13. 跳箱運動　　　　　　　　　　　寺井勝三　　　　　　　　　　　　　成文堂

14. 楽しい器械運動　　　　　　　　太田昌秀　　　　　　ベースボールマガジン

15. 図説器械運動　　　　　　　　　伊藤・堀江・小林・和田　　文化書房博文社

16. 器械運動の授業づくり　　　　　高橋、三木、長野、三上　　　　　　大修館

17. 楽しいマット運動　　　　　　　五十嵐久人　　　　　　　　　　　　不昧堂

18. マット遊びからマット運動へ　　西沢宏　　　　　　　　　　　　　　明治図書

19. 鉄棒遊びから鉄棒運動へ　　　　西沢宏　　　　　　　　　　　　　　明治図書

20. 跳び箱遊びから跳び箱運動へ　　西沢宏　　　　　　　　　　　　　　明治図書

22. 小学校学習指導要領解説　体育編　文部省　　　　　　　　　　　　東山書房

23. 中学校学習指導要領解説　保健体育編　文部省　　　　　　　　　　東山書房

24. 高等学校学習指導要領解説　保健体育編　文部省　　　　　　　　　東山書房

25. 県別教員試験の実施問題　　　　　　　　　　　　　　　　　　　　時事通信社

26. 中高保健体育の頻出問題　　　　　　　　　　　　　　　　　　　　時事通信社

27. 器械運動　　　　　　　　　　　堀江・小林・尾西・津端　　文化書房博文社

## 尾西　奈美

| | |
|---|---|
| 1992/4 ～ 1996/3 | 国士舘大学 体育学部 体育学士 |
| 1996/4 ～ 1998/3 | 日本体育大学 体育科学修士 |
| | |
| 1997/4 ～ 2001/3 | 国士舘中学校・高等学校 講師 |
| 2001/4 ～ 2004/3 | 国士舘大学 体育学部 体育学科 助手 |
| 2004/4 ～ 2007/3 | （有）ラナハウス |
| 2007/4 ～ 2014/3 | 国士舘大学 体育学部 体育学科 助教 |
| 2014/4 ～ 2018/3 | 国士舘大学 体育学部 体育学科 講師 |
| 2018/4 ～ | 国士舘大学 体育学部 体育学科 准教授 |
| | |
| 2001/4 ～ | 体操競技１種公認審判員 |
| 2007/4 ～ | 健康増進運動指導士 |
| 2013/4 ～ | 女子体操競技審判部員 |
| 2015/4 ～ | 日本オリンピック委員会強化スタッフ（体操競技審判部門） |
| 2021/4 ～ | 日本スポーツ協会公認コーチ |
| | 女子体操競技国際審判員 |

## 小畑　秀之

| | |
|---|---|
| 1982 ～ 1987 | マック体操クラブ　主任 |
| 1987 ～ 2006 | 四天王寺高等学校・中学校　　コーチ・監督 |
| 2007 ～ 2014 | 国士舘大学　女子体操競技部　コーチ |
| 2015 ～ | 国士舘大学　女子体操競技部　監　督 |

## 馬場　亮輔

| | |
|---|---|
| 2001/4 ～ 2006/3 | 早稲田大学 人間科学部 スポーツ科学科 |
| 2006/4 ～ 2013/3 | ㈱コナミスポーツ＆ライフ |
| 2013/4 ～ 2015/3 | 早稲田大学 スポーツ科学学術院 スポーツ科学研究科 |
| 2013/4 ～ 2018/3 | 早稲田大学附属本庄高等学院　非常勤講師 |
| 2015/4 ～ 2022/3 | 武蔵丘短期大学 非常勤講師 |
| 2015/4 ～ 2018/3 | 早稲田大学 グローバルエデュケーションセンター 非常勤講師 |
| 2015/4 ～ 2018/3 | 東京学芸大学 特任講師 |
| 2018/4 ～ 2021/3 | 国士舘大学 体育学部 体育学科 助教 |
| 2021/4 ～ | 国士舘大学 体育学部 体育学科 講師 |
| | |
| 2014/4 ～ 2018/3 | 日本オリンピック委員会強化スタッフ（体操競技） |
| 2017/4 ～ | 日本体操協会一種審判員 |
| 2019/4 ～ | 日本スポーツ協会公認コーチ |

器械運動　II

2023年 5 月10日　初版発行

著　者　　尾　西　奈　美
　　　　　小　畑　秀　之
　　　　　馬　場　亮　輔

発行者　　鈴　木　康　一

発行所　　（株）文化書房博文社

〒112−0015 東京都文京区目白台 1 − 9 − 9
電話　03（3947）2034
振替　00180—9—86955
印刷／製本　昭和情報プロセス株式会社

　　　　　　　　　ISBN978-4-8301-1333-8 C0075

# 器 械 運 動 II

## ―付 録―

文化書房博文社

# 付録1　近年の体操競技に関して

**ゆか**

## ～ダイナミックな宙返りが連発される迫力ある種目～

「男子」

12m四方のゆかの上で、75秒以内に前方系の跳躍技、後方系の跳躍技、跳躍技以外の静止技や旋回技を組み合わせて演技をします。宙返りの高さ、ひねりの精度、着地姿勢の良し悪しが決定点に大きく影響します。また、この種目では「組み合わせ加点」が存在し、難しい技を連続することでボーナス点を得ることができ、演技構成点（Dスコア）を高めるためには必須条件となります。

近年はビッグタンブリング技と呼ばれる、前方2回宙返り3/2ひねり：ザパタ（F難度）、後方屈身3回宙返り：ナゴルニー（Ⅰ難度）が発表され、話題となりました。

「女子」

12m四方のゆかの上で、90秒以内にアクロバット系の技（宙返りなど）、ジャンプ系の技の組み合わせやターンを、音楽に合わせて演技をします。芸術性や表現力が問われる種目であり、選手が創り上げる世界観も見所の一つと言えます。

ゆかの下には、2000個を超えるスプリング（バネ）が敷詰められており、女子選手でも男子選手顔負けのタンブリング技を実施する選手が近年増えてきています。

工

跳馬

# 〜一瞬で得点が決まってしまう、一発勝負の種目〜

「男子」

25m以内の助走を用い、高さ135cmの跳馬に手をついて跳躍します。実施した跳躍技の難易度によってDスコアが定められています。トップクラスの選手では、走り出してから着地をするまでにおおよそ5秒間で演技は終了します。そのため、跳躍板の踏み切り動作や馬体への着手の姿勢が少しでもずれてしまうと、失敗に繋がってしまいます。

2001年からテーブル式の形状に跳馬が変更され、以降急激に技は進歩を遂げました。

「女子」

男子の高さよりも10cm低い、125cmの高さに設定された跳馬に手をついて、跳躍します。実施した跳躍技の難易度によってDスコアが定められています。

女子選手の多くが跳躍板を踏む前に側方倒立回転とび（ロンダード）を行う、ユルチェンコ系の跳躍技を実施する傾向にあります。男女それぞれが実施する跳躍技を比較すると、宙返りの回転数やひねりの数には大きなレベルの差があり、男女の筋力差が最も顕著に現れる種目と言えます。

**あん馬**

## ～足を振り上げたり回したりする際に、いかに演技を大きく見せられるか～

「男子」

　演技は静止することなく、2つの把手（ポメル）やあん馬全体を使って、片足振動技や旋回技を中心に組み合わせ、演技を構成します。

　演技中に静止することができないことや、他の種目とは異なる水平面での回転運動が求められるため、6種目を通して失敗する可能性が高い種目になります。団体総合や個人総合などにおいては、ミスなく乗り切らなければいけない「鬼門の種目」と言えます。数センチの体重移動のズレ、旋回運動のスピード不足が落下に繋がる、6種目の中で最も繊細な種目です。

**平行棒**

## ～ダイナミックな支持振動技、宙返り技が見どころ～

「男子」

　平行に並んだ2本の棒を用いて、棒にぶら下がる懸垂系・体重を手の平で支える支持系・体重を二の腕で支える腕支持系・そして地面に下り立つ終末技の中から技を実施します。

多くの技が倒立姿勢で終了するため、倒立の「キメ」がＥスコア（演技の出来栄え点）に大きく反映されます。また、各選手は平行棒の幅を自分の身体に合った幅に調整することができるという器具の特徴があります。

　棒にぶら下がる懸垂系の技では、握っている手が滑らないように、ハチミツや塩水を棒に塗るなどの工夫を選手たちはしています。

つり輪

## ～「静」から「動」といったメリハリのある演技が見どころ～

「男子」

　マットから高さ270cmの２つの輪を握ったまま、力技・懸垂技・倒立技、そして下り技を実施します。６種目の中で唯一、器具自体が「動く」という特徴があります。その特徴があるため、器具への力の伝え方や揺れへの対応が技の実施に大きく影響を及ぼします。

　「動く」器具を動かないように力を働かせたり、力技では３秒以上の静止が求められているため、男子の６種目の中では最も筋力が必要とされます。日本人選手は欧米の選手に比べて筋力が劣っているため、日本人選手にとっては不向きな種目と言えるでしょう。

鉄棒

## ～「男子体操の華」、豪快な手放し技に注目～

「男子」

　マットから高さ260cmの鉄棒を握り、一度も静止することなく手放し技を含む懸垂振動技を実施します。握り手の変換やひねりを加えた技で演技構成点（Dスコア）を上げ、高難度の手放し技（図1）で雄大性を表現します。図1の技は、鉄棒の上で後方2回宙返りを行い、さらに1回のひねりを加えて再び鉄棒をキャッチする、コールマンと呼ばれる手放し技です。この技を実施する際、鉄棒から手が離れる瞬間から再びキャッチするまで鉄棒から一度も目線を離さず、キャッチする準備と回転速度を遅くするタイミング（図中16～20）を見計らっています。トップレベルの選手ともなると、このコールマンから手放し技をさらに連続して実施するなど、落下のリスクと紙一重の世界で技を繰り出していきます。

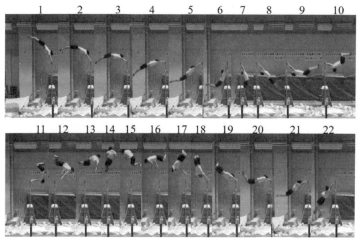

図1　高難度の手放し技（コールマン：E難度）

平均台

## ～バランス感覚、強い精神力が問われる種目～

「女子」

　高さ125cm、長さ5 m、幅10cmの台の上で、ジャンプやターン、そしてアクロバット系の技（宙返りなど）を構成に入れ、90秒以内で演技をします。

　平均台の構成は、ダイナミックな技とターンやジャンプを取り入れた美しいダンス系の両立が求められています。女子の種目の中では最も落下のリスクの高く、どの選手も緊張感を持って競技会の時には臨んでいます。

　個々のスタイルを表現しながらも、正確で欠点のない美しい演技が見どころです。

**段違い平行棒**

## ～棒の高低を利用し、多種多様な技が繰り広げられる～

「女子」

　高棒の高さは255cm、低棒の高さは175cm。これら2つのバーの幅180cmの空間を巧みに使いこなし、演技は懸垂系や支持系の技を中心に、回転・振動・宙返り・ひねり技・手放し技など多様な技で構成されます。

　近年、演技の価値点を上げるために、高棒と低棒の間を行き来する移動技（図2）が流行しています。また、加えてひねり技やダイナミックな手放し技などを実施し、演技構成点（Dスコア）を高めています。

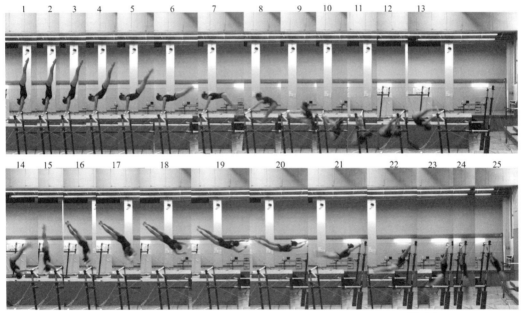

図2　流行している移動技（マロニー1/2ひねり：E難度）

# 付録2　得点の算出方法について

## （2022年版採点規則）

## 1　決定点の算出方法

演技の難しさの点数：Dスコア

演技のできばえの点数：Eスコア

ライン・タイム減点：ペナルティ

$$\boxed{\text{Dスコア}} + \boxed{\text{Eスコア}} - \boxed{\text{ペナルティ}} = \boxed{\text{決定点}}$$

Dスコア　演技の難しさの点数
Eスコア　演技の出来栄えの点数
ペナルティ（ライン・タイム減点）

### ペナルティ減点とは？

　種目によって演技する場所がラインによって定められていたり、演技時間が制限されています。それらに違反するすると、DスコアとEスコアを加算した後にペナルティとして減点されます。代表的な減点は下記の通りです。

### ライン減点

　男女の「ゆか」と「跳馬」にあります。それぞれラインを踏み越すことで減点となります。

左：片足がラインを踏み越す〈-0.1〉の減点

右：両足がラインを踏み越す〈-0.3〉の減点

タイム減点

　男子は「ゆか」にあり、演技は75秒以内に終えなければ減点です。女子は「ゆか」と「平均台」にあり、それぞれ90秒以内に演技を終えなければ減点となります。

## 2　Dスコアの算出について

難度点

　それぞれの技には難度が決められています。もっともやさしいA難度の技から、最も難しいI難度の技まで9段階に分けられています。実施された難しい難度の技を男子は10個、女子は8個をカウントし、Dスコアを決定します。跳馬は一つの跳躍技ごとにDスコアが決まっています。難度表は下記の通りです。

| 難度 | A | B | C | D | E | F | G | H | I |
|---|---|---|---|---|---|---|---|---|---|
| 難度点 | 0.1 | 0.2 | 0.3 | 0.4 | 0.5 | 0.6 | 0.7 | 0.8 | 0.9 |

※難度は回転数やひねり数、姿勢によって難度が変わります。

　下記の演技構成は、2022年全日本体操個人総合選手権で優勝を果たした橋本大輝選手の「ゆか」の演技構成です。全ての技はC難度以上の技で構成され、難度点0.7のG難度技を構成に入れていることが特徴です。

| | 技名 | 難度 | グループ | 加点 |
|---|---|---|---|---|
| 1 | リ・ジョンソン | G | III | |
| 2 | 後方かかえ込み2回宙返り2回ひねり | E | III | |
| 3 | 前方伸身宙返り1回ひねり | C | II | |
| 4 | 〜前方伸身宙返り5／2ひねり | E | II | |
| 5 | 後方伸身宙返り2回ひねり | C | III | |
| 6 | フェドルチェンコ | C | I | |
| 7 | 開脚座から力十字倒立 | C | I | |
| 8 | 後方伸身返り5／2ひねり | D | III | |
| 9 | 〜前方伸身宙返り | B | II | 0.1 |
| 10 | 後方伸身宙返り3回ひねり | D | III | |

Dスコア：6.0

## 3　Eスコアの算出について

　実施された技の完成度、美しさ、大きさなど、演技の出来栄えを10点満点から減点していきます。それぞれの減点はその度合いによって小欠点（-0.1）、中欠点（-0.3）、大欠点（-0.5）、そして落下や転倒（-1.0）の減点がなされます。